誰でもできる

白熱する「対話」指導53

山田洋一 編著

黎明書房

はじめに

2020年，完全実施の学習指導要領のキーワードは，「主体的・対話的で，深い学び」です。

中教審答申の段階では，「アクティブ・ラーニング」という考え方も登場しました。そのおかげで，今回の改訂は，早くから人々の耳目を集めることとなりました。

現場の教師は，完全実施になる前から，「どうやら，たくさん対話をさせなければならないらしいぞ」と内心ざわめき，「対話的な学び」について，深く考えもせず，学びもせずに，「ペアで話す」「グループで話す」を多用し始めました。

その結果，授業における対話場面で，次のような課題が見られるようになりました。

- 何のために対話をさせているのかがわからない。
- 何を対話させようとしているのかわからない。
- 対話することによって，どんな力が子ども達についたのかわからない。
- 子ども達の思考活動が活性化しない。

ロシアの言語哲学者ヴァレンティン・ヴォロシノフは「意味は，言葉の中にあるわけでも，話し手の心や聞き手の心の中にあるわけでもない。意味は話し手と聞き手の相互作用の結果である」と言っています。

つまり，「A」と言ったら「A」ということが，そのままそっくり「伝わる」わけではないというのです。

言葉の意味を理解することは，固定的な何かを理解することではなく，二人が対話することによって，はじめてできる協働的な作業だというのです。

そう考えると対話は，学習にとって重要，かつ効果的な方法と言って良いようです。いえ，学習そのものと言っても良いかもしれません。

ところが，先に述べたように，対話はそれが注目されることによって，かえって教室では矮小化されているようです。「とりあえず話をさせればいい」と。

簡単に言えば，教室は「ダメな対話」にあふれているのです。

そこで本書では，「対話によってつけたい力」は何で，どのような手順で，それを身につけさせることができるのかを明確に示しました。

そして，何より子ども達の白熱した対話が見られるような，対話の仕掛けを提案しました。

対話指導を一から学びたい多くの教師に本書がわたれば，望外の幸せです。

編者記す

目次

図画工作

総合

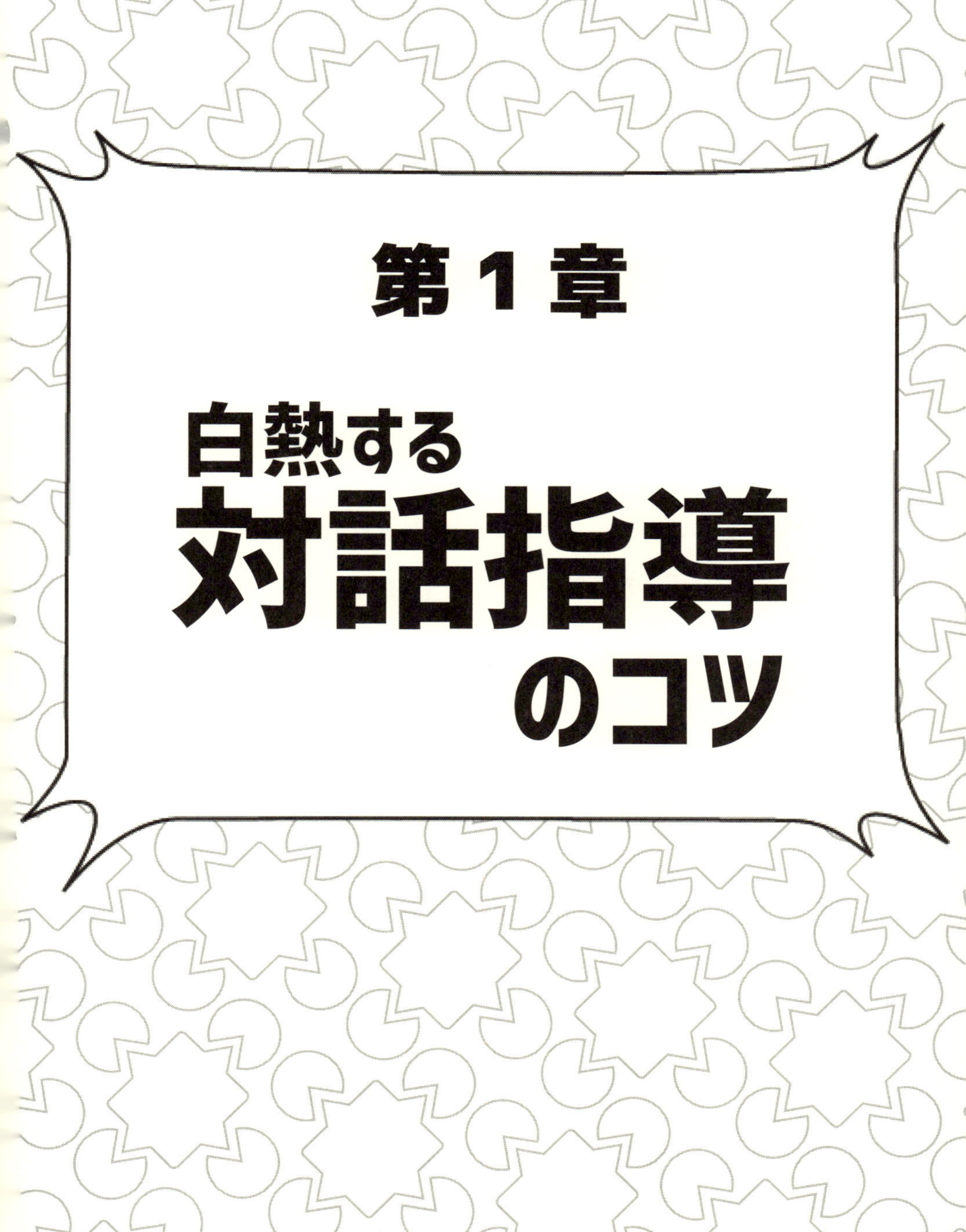

第１章

白熱する対話指導のコツ

●対話を成立させる３つの前提条件

２人以上の子ども達が対話を始めようとしています。それが，成立する条件とは何でしょう。それらを「フレーム」「ラポール（相互信頼の関係)」，「ビジョン」の３つで考えてみましょう。

それぞれについて説明しましょう。

	フレーム	ラポール	ビジョン
内容	どのように対話を進めるのか，その方法が，子ども達に伝えること。	対話をするメンバーが，対話ができるくらいの信頼関係を結べること。	活動を通して，どんな力がつくのか，どんな自分，どんな関係をつくれるかがわかっていること。
指導事項	・テーマ ・人数 ・時間 ・対話の形式 ・手順	・話し方 ・聞き方 ・相手への受容度	・教師の説明 ・ふり返り

●フレームを示す

先に示したように，対話を成立させる条件の一つに「フレーム」があります。これを明確に示すことで，子ども達は安心して活動に取り組むことができます。

それでは，フレームを示すコツや順序を以下に示します。

(1)　テーマ

子ども達に対話をさせたいと思っても，対話するテーマがなければ，当然対話はできません。そのテーマはどんなものがふさわしいのでしょうか。

ちょんせいこ氏（2015）は，ホワイトボード・ミーティングという手法を使って，「易から難へ」，「軽から重（深刻）」へとテーマを移行していくということを提案しています[(1)]。

このことは，とても大切な指摘です。私たち大人でも，あまり親しくない相手といきなりヘビーなテーマで対話させられるのはつらいものです。子どもも同様です。指導の初期には，次のようなテーマで対話をさせます。

・好きなお菓子は，なに？　・好きなゲームソフトは，なに？
・好きなテレビ番組は，なに？　・好きな給食は，なに？
・昨日は，何をしていたの？

次に,中期にかけては,終末の「重い（深刻）」なテーマへのかけ橋として，次のようなテーマで対話をさせてみます。

・苦手な給食は，なに？　・最近，誰かとけんかした？
・最近，失敗しちゃったなあってことは，なに？
・家族の自慢　・家族の中で一番面白い人は，誰？

つまり，少しプライベートなことやその子特有の体験など，やや自己開示をしないと語れないようなことをテーマにしていきます。なお，はじめは「言いたくないときは，無理しなくてもいいよ」という猶予をしっかりと与えます。

そして，学級経営も終末に行くに従って，国語科で「主人公って，誰だと思う？」「この説明文，一カ所で切るとしたら，どこで切る？」や，社会科であれば「江戸時代初期の政策の内，もっとも重要なのは何だと思う？」というような込み入った対話をさせたいものです。

(2) 人数

対話においては，その人数規模が非常に重要です。時期的なことを言えば，やはり初期は２人，やがて４人ということになります。

ただし，２人より４人，４人より６人の方が，レベルが高いというようなものではありません。

少人数であればあるほど，一人ひとりの発話量は多くなりますから，技能的にも対話内容に関しても深まる可能性があります。また，飽きる子も少ないです。

だからと言って，いつも２人の対話が良いかと言えば，そうではありません。少人数であればあるほど，一方で多様性は低下していくということを覚えておきましょう。つまり，対話の規模は，「発話量」と「多様性」のかけ算で決められるべきだということです。

(3) 時間

これは次項の対話の形式にも関係ありますが，初期の段階では，次のような時間規模のワークを，ペアで行うことがあります。

① できるだけ止まらないで，隣の人のことをほめる。「どんなとき，どんなことをしていて，どんなふうに私は感じた」（15 秒間）
② それを聞いてどう思ったのかをもう一方の子が話す。（10 秒間）

この「15 秒・10 秒」を，次の週には「30 秒・15 秒」に伸ばしていきます。つまり，長く話すことができるように，少しずつトレーニングをしていくということです。初期段階では，短い対話を，何度も行うことがコツです。

授業中にも，短い対話を小刻みにするということがあります。例えば，「ここまでの話に関して，隣の人と感想を聞き合ってみよう。10秒だけ」というような指示を出します。

⑷　対話の形式

「雑談」や「議論」と「対話」の違いから考えてみましょう。学校現場では，これら３つを合わせて「対話」として扱っていることが多いようです。中原淳，長岡健（2009）はこれらの違いを次のように説明しています[2]。

> 「雑談」＝＜雰囲気：自由なムード＞
　　　　＜話の中身：たわむれのおしゃべり＞
「対話」＝＜雰囲気：自由なムード＞
　　　　＜話の中身：真剣な話し合い＞
「議論」＝＜雰囲気：緊迫したムード＞
　　　　＜話の中身：真剣な話し合い＞

この説明を見ると，「雑談」が，「対話」や「議論」よりもくだけた，目的や使命をあまり意識しないものだということがわかります。

例えば，私たちが好きなテレビドラマの話をしているときに，「この人と好きなドラマについて話をすることで，もっと親密になろう」などと考えてはいません。

しかし，だからといって「雑談」が意味のないものとは言えません。「雑談」もしたことがないのに，「対話」や「議論」はむずかしいはずです。あなたが，いかにコミュニケーション能力が高いとはいえ，今日会ったばかりで大して話をしていない人と，「学校教育の社会的な役割とは，何か」を話すことは，さすがに抵抗があるでしょう。

つまり,「雑談」は「対話」や「議論」の前に位置していて,「対話」や「議論」を成立させるための親和性を醸成する一段階と言えます。そういう意味で,指導の初期段階では「雑談的対話」を多用することも意味のあることです。

さて,それでは対話にはどのような形式があるのでしょうか。私は,大きく言って次の2パターンであると考えています。

○ワンプレート型(Aが長くはなして,その後にBが感想を言ったり,まとめて質問したりする。) ・Aが話す。 ・Bが質問することや,感想を考える時間を少しとる。 ・Bが感想や質問をまとめて伝える。

○コース型(Aが少し話し,そのことに関してBが質問したり感想を言ったりする。また,Aが少し話して,Bが質問する。これを繰り返す) ・Aが少しだけ話す。 ・Bが質問や感想を言う。 ・Aが少しだけ話す。 以上を繰り返す。

指導の初期においては,「ワンプレート型」で指導して,子ども達の様子をモニタリングして,話し方や聞き方を細かに指導します。その後は,自由度が高く,即興性が求められる「コース型」へと移行していきます。

(5)　手順

本書では，対話時間の目安を15分として，その間，原則として子どもの活動に教師は大きく介入しないことを前提としています。

それまで，一斉指導を中心として行ってきた教師は，15分もの間，子ども達に活動を任せることに抵抗があるかもしれません。

しかし，ここでは子ども達の意欲に水を差したり，勢いを止めるたりすることに，禁欲的であるべきです。

もしも，教師の指示が悪くて，活動がうまく進まない状況が出てきたときには，「途中でごめんなさい。一つ付け加えさせてください」と言って，補足したり，リセットしたりすると良いでしょう。

また，その時間の活動を，以下のように板書したり，紙に書いたりして掲示することも，大切な教育技術です。

①　説明を聞く。(7分)
②　ワークシートに自分の考えや理由，根拠を書く。(10分)
③　4人班の中で，2人ペアをつくって意見を交流する。(15分)
④　意見交流を活かして，ワークシートに変更点を書く。(5分)

対話のある学習活動は，途中で教師が活動を止めないということが，子どもの自律的な学習を促す一方で，記憶の苦手な子にはとっては「何をしてよいのかわからなくなる」という状況を引き起こしてしまうこともあるからです。

●ラポールを形成する

ラポールを結ぶときに，勘違いしてはいけないのは，ラポールを形成しないと対話をやってはいけない，あるいは対話を成立させられないと思い込むことです。

ラポールは対話が成立するのに必要ですが，対話が成立した「報酬」としてラポールが形成されるとも言えるのです。つまり，対話する際の対話する人への信頼は，対話を通してしか感得させられないわけです。例えば，対話が終わったあとに，「今日は，あなたと良い話し合いができたね」と感じさせることは，対話しなければ生まれない感情なわけです。だから，対話する相手へのラポールを形成したければ，まずは対話のストロークを増やすことをしなければなりません。

もう一つ言えば，そうわかったとしてもすぐに教師は心の問題を扱いたがります。「あの子は人を信頼して対話することがむずかしい」とか，「あの子は不真面目だから，対話がうまくいかないのよ」と。こうした考え方の教師は，すぐになにか「心の根本」に働きかけようとしたがります。

たしかに，ラポールは「信頼」に関することですから，心の問題だと言えます。しかし，強い信頼の結び方とは結局はスキルのことなのです。スキルですから，トレーニングによって身につけることができます。

子どもの心が荒んでいるから，対話ができないと嘆く前に，対話の仕方を教えるべきです。

それには，第一に「聞き方」を教えることです。対話は，話すことが中心だと考える人も多いかもしれませんが，そうではありません。話すことは，１人でもできます。しかし，対話することは基本的には，相手を必要とする協働作業です。聞いてくれる人がいて，はじめて成立することなのです。このことを子ども達に，まず実感させる必要があります。例えば，次のような手順で行います。

① ペアで活動を行う。
② 話し合うテーマを指示する。例：「好きな○○について」
③ 「最悪な聞き方」を確認する。例：「目を合わせない」「体を相手に向けない」「頬杖をつく」「ため息をつく」など
④ Aは上のテーマについて30秒間話し続ける。Bは最悪な聞き方で聞き続ける。
⑤ 役割を交代して，同様にする。
⑥ 「最高の聞き方」を確認する。例：「目をしっかり合わせる」「姿勢良く，相手に体を向ける」「うなずきながら聞く」など
⑦ Aは上のテーマについて30秒間話し続ける。Bは最高の聞き方で聞き続ける。
⑧ 役割を交代して，同様にする。
⑨ 感想をペアで交流する。
⑩ 感想を全体で交流する。

［参考］ 菱田順子・森川澄男監修『すぐ始められるピア・サポート指導案＆シート集』pp.42-45（ほんの森出版，2003年）

一方，話し方については，状況に応じて「目配り」「意見＋理由＋根拠（頭括型）」「問いかけ（「～ですか」「ここまではいいですか，○○さん」）」などを指導します。

しかし，良い聞き手が育っていれば，話し手は安心して話すことができ，その結果としてたくさん話すので，自然と上達するものです。

対話を指導する際に重視すべきは，話すことよりも聞くことなのです。

＊以上のようなことに留意した一単位時間の指示記録は巻末p.128～p.139に掲載しています。

●ビジョンを持たせる

ここで，子ども達に持たせたいビジョンとは次のことです。

> ○この活動を何のためにやるのか
> ・この対話をすることで，どんな力がつくのか。
> ・この対話をすることで，相手とどんな関係になることを望んでいるのか。

例えば，活動をする前に次のように説明をします。

「これから，『コンプリメントタイム』をします。相手の良いところを30秒間でたくさん言うという活動です。これをすると，いつでも相手のよさに目をつける人になれます。それを伝え合うので，人ととても温かい関係が結べます……」

このように活動の趣旨を話すことによって，子ども達は活動への見通しを持てますし，評価もしやすくなります。授業終末の「ふり返り」とも，つながっていて，子ども達が自分たちのつけたい力について常に意識しながら，活動を行うことになります。つまり，ビジョンを持たせることは活動が目的達成したかどうかの基準を子どもに示すことになるのです。

【出典】

(1)　ちょんせいこ『ちょんせいこのホワイトボード・ミーティング』（2015，小学館）

(2)　中原淳・長岡健『ダイアローグ　対話する組織』（2009，ダイアモンド社）

各教科の対話を白熱させる仕掛け

01 国語 「わたしはだれでしょう。」

下学年

つけたい力！ 状況に合わせて質問を考える力。質問することによって楽しく会話をできるようにする。

対話を白熱させる仕掛け

まず，教師がモデルを見せる。そうすることで，やり方をすぐに理解できます。また，クイズを出すことによって興味を持ち，主体的に活動に参加させることもできます。答えに関する情報を引き出すという目的が明確なので，質問を考えやすく，対話を手軽に楽しむことができます。

授業の流れ

子どもに向けて次のように話す。（モデルを見せる）
「先生は，今，ある動物になったよ。なんの動物だかわかるかなあ？」
三人の子どもを指名して，「先生が何の動物か当てるのに，一つずつ質問していいですよ」と伝える。
子どもＡ「好きな食べ物は何ですか？」教師「ハチミツです」
子どもＢ「体は何色ですか？」教師「黒いです」
子どもＣ「鳴きますか？」教師「ガオー！３人で相談して答えをどうぞ」
子どもＡＢＣ「クマですか？」教師「正解です！」
このクイズの出し合いを，グループでしてもらいます。

自分がなりたい動物をひとつ決めて，その名前をノートに書くように指示する。

対話 15分

４人グループで一人ずつ動物になりきり，質問を受ける。質問は動物になっていない３人が一人一つずつする。

生き物以外のテーマで問題をつくることを提案する。例）野菜，果物，乗り物，身の回りの道具。

対話的な学びのここを見る！！

「何を食べているの？」「どれくらいの大きさですか？」など，問題の動物の特徴を知ろうとする質問が見られると○。

02 国語 「ホワイトボード・ミーティング® 質問の技カード」を使って対話する

上学年

つけたい力！ 質問の技を使って，テーマについて話し手から話を引き出す力。

対話を白熱させる仕掛け

対話の際に「ホワイトボード・ミーティング® 質問の技カード」を持ちます。このことにより，話し手の発言をどんどん引き出す技を，子どもが身に付けていきます。話すテーマは，子ども達の実態や回数，子ども達の興味・関心に応じてどんどん変化させていきます。そのことで，話を聞くたびに相互理解を深めながら習熟することができます。

【参考】『ちょんせいこのホワイトボード・ミーティング』（小学館，2015）

授業の流れ

今日のテーマを提示する。テーマは，簡単で身近なものからスタートする。例）「おにぎりの具は何が好き？」「好きな遊びは？」「ラーメンの味は何派？」「先生の口ぐせは？」……など。徐々に，「最近あった○○な出来事」「あなたの大切なものは？」など変化させるとよい。

対話 15分

対話実例 ▸ p.140

「スタートしたら２秒以内に膝を突き合わせて対話を始めます。時間いっぱい話し合うことが目標です！　今日は２分です」と指示し，対話をスタート。

①　一人が話し手。聞き手は，「ホワイトボード・ミーティング®質問の技カード」を見ながら質問する。

②　役割を交代する。

①②をテーマ，ペアを変えて繰り返す。（p.147【資料Ａ】参照）

対話が盛り上がり，時間いっぱいまで続いたペアに「どうして盛り上がったか？」を問い，全体にフィードバックする。

対話的な学びのここを見る！

フィードバックでは，子ども達から，「○○くんが，こうやって質問してくれたから」「□□さんが，質問に対してこう答えてくれたから」などの発言を引き出し，よい対話の仕方を全体に広めていく。

03 国語　質問に答えて作文を書く

下学年

つけたい力！　書いてあることから足りない情報を見つけて質問をする力。質問されたことに答えたことを元に書く力。

対話を白熱させる仕掛け

友達から質問されたことを書き加えたり，友達の文を見たりすることによって，作文が進まない子の，書くことへの抵抗を軽くすることをねらいます。友達と話をすることで自分の考えが整理され，より伝わりやすい文を書くことができます。友達の文を読んで質問を考えることによって，自分が文章を書く際の視点も増えます。

授業の流れ

「自分が今一番楽しいことを紹介する作文を書こう。」
・全員に今一番楽しいと思っていることを一つ選ばせる。
・「わたしが一番楽しいことは，〇〇です。」までを書かせる。

一人を指名して，書いたことを読ませる。教師はそのことについて「どうしてそれが楽しいのですか」と質問をする。子どもが「(なぜかというと）ゲームをクリアしたときうれしいからです」と答えたら，それを二文目として書くことを指示する。

「このように隣の人から質問してもらって，作文を書き進めていきます」と説明する。

対話15分

お互いが書いたものを元に質問をする。
「他には？」「どうして？」「いつ？」「だれと？」「どこで？」「いつから？」などの問を黒板に書いておく。
・質問されたことに答え，答えたことを元に書く。
・さらに質問をする。

・自分で読み返し，推敲をする。(５分)
・数名を指名し，書けたところまでを読ませる。

対話的な学びのここを見る！

「どんなところが楽しいの？」「他には？」など話を詳しく書くための質問ができていると〇。

04 国語　「えんぴつ対話」で作文の内容を掘り下げる

上学年

つけたい力！　他者との対話を自己内対話につなげ，書く内容を具体的に掘り下げてく力。

対話を白熱させる仕掛け

書くテーマについて，「えんぴつ対話」をします。他者と対話することで，具体的に思い出したり，書き方を考えたりすることができます。また，「相手の返事への期待」が，対話を盛り上げます。対話するように書くことによって，書くことへの抵抗を弱め，どんどん書くことができます。

授業の流れ

今日のテーマを伝える「運動会の作文」「学芸会の作文」等

「運動会の思い出について，２人でえんぴつ対話をしましょう。」

対話 15分

対話実例 ▸ p.140

① 片方が聞き役，片方が答える役となり，えんぴつ対話をする。真ん中に原稿用紙を置き，聞き役が先に書き込み，それに対し答える役がまた書き込む……というように交互に続ける。また，聞き役は，質問だけでなく，反応を返したり，自分のことを書いたりする。（最初の質問は，教師から提示するとよい。）
例：「運動会，一番心が動いた瞬間は？」
「『あなたしか知らない学芸会の裏側』を教えて。」等

② 聞き役，答える役を変えて繰り返す。（それぞれ６分）

③ 最後にお互いに用紙を返し，それをもとにさらに聞きたいことや，思い出したこと，感想などを伝え合う。

「えんぴつ対話」をした用紙をもとに，作文を書いていく。

対話的な学びのここを見る！

答える役が，自分のそのときの感情や，話した内容，状況等を具体的に思い出せる「えんぴつ対話」になっていれば○。もしもなっていない場合は，「そのとき，どう思ったの？」「そのとき，誰かと話した？」など，具体的な質問の仕方を伝える。

［参考］柳内達雄『作文が好きになる本―１・２年生』（あかね書房，1972 年）

05
国語

誰の台詞なのかを考える

1年生

つけたい力！　相手を納得させるような根拠を本文から見つける力。自分の考えを明確にし，相手に伝える力。

対話を白熱させる仕掛け

誰が言っているのか曖昧な台詞を検討します。自分とは考えの違う人の存在が，相手を納得させようという意識につながり，対話を生み出しやすくします。

役割を分けて音読してみる活動が，誰の台詞なのか考える手掛かりとなります。

授業の流れ

子ども一人一人が「くじらぐも」（こくご一下ともだち，光村図書）6，７頁を音読する。

▼

会話文ごとに，先生役，子ども役，くじら役を決め，読む。

▼

「最後の文章は誰の台詞ですか？　どうしてそう考えたのか理由も書きましょう。」

▼

対話 15分

学習グループ（４人）で自分の考えの根拠を出し合い，誰の台詞なのか決める。先生，子ども，どちらの台詞なのかを，音読してみたり前後の文章を読み返したりして決めていく。
（グループの考えが決まったら音読の練習をする）

▼

グループの考えにそって音読をし，その感想を交流する。

対話的な学びのここを見る！

「同じ言葉が繰り返されている」「先生とくじらの掛け合いになっている」「子ども達がどんどん盛り上がっている場面」などの言葉が，グループの対話場面で出ていると○。

06 国語　イメージをイラスト化して多様な考えをもとに対話する

上学年

つけたい力！　対話によって多様な解釈を知り，自らの考えを変化させたり，より確かなものにしたりする力。

対話を白熱させる仕掛け

詩を読んで抱いたイメージを絵で表し，その絵をもとに対話させます。子ども達は対話の中で，各々の絵の違いに気づき，なぜその違いが生まれたのか，本文を根拠に対話します。言葉とイメージを結び付けるのを楽しみ，それぞれのイメージに微妙な違いがあることの面白さを存分に感じさせましょう。

授業の流れ

詩「イナゴ」の本文を音読する。
※ 「イナゴ」まどみちお作（ひろがる言葉小学国語６下，教育出版）

発問「イナゴの目には何がうつっていましたか？　絵でかいてみましょう。」A4の紙に絵をかく。（早く終わった子は，本文の根拠になるところに線を引く）

対話 15分

４人グループをつくり，絵をもとに話し合う。
①まずは全員が発表する。②その後，聞きたいことや賛成意見，反対意見をお互いに自由に述べ，フリートークタイムとする。③グループの意見として画用紙に新たに絵をかく。

グループでかいた１枚の絵をもとに，全体で交流する。
A「夕焼けで真っ赤になっている。」B「夕焼けが点のようにうつっている。」C「『ぼく』の背後に夕日がある。」D「『ぼく』だけが目にうつっている。」などの意見が出ることが予想される。本文の叙述から，Dは間違いであると判断できる。D以外にも，明らかな間違いについては，共有する中で子ども達の発言を生かしながら修正していく。

対話的な学びのここを見る！

論点が明確になった話合いになっていれば○。「夕やけ」と「ぼく」の位置関係や，「夕やけだけか，それともぼくもうつっているか」について話しているグループがあれば，全体に紹介する。

01 社会　店の良さをアピールしよう

３年生

つけたい力！　考えたことをわかりやすく友達に伝える力。

対話を白熱させる仕掛け

それぞれの店の良さをお店の人の立場になって考えさせます。お客さんにアピールするという設定により，よりそのお店の特徴を調べ，深く考えたいという思いを自然と持たせることができます。また,「どんな時に，どの店に行きたいのか」という問いによって各店の特徴を検討させることができます。

授業の流れ

スーパーマーケット，コンビニエンスストア，八百屋，ショッピングモールなどの外観の写真を示す。

「みなさんには，今からこのお店の人になってもらいます。」

４種の店の担当が，４人グループの中で各１名になるようにする。担当の写真を渡す。（写真は，それぞれのお店で３～４カット。外観，売り場，店員の様子，店の特徴を示すものを１カットずつ）

「できるだけたくさんのお客さんに来てもらえるようにお店の良さをアピールします。良さをできるだけたくさん書きましょう。」（個人思考・10分・ノートに書く）

学習グループ（４人）で，それぞれの店の良さをアピールし合う。お互いの意見でなるほどと思ったことを，ノートにメモするようにする。

対話15分

伝え合ったことを踏まえて，「どんな時に，どの店に行きたいのか」を話し合う。

対話的な学びのここを見る！

「朝でも夜でもいつでも行けるのは，コンビニエンスストアだけだよ」「洋服も食品も両方買うことができた」などの店の特徴をとらえた言葉が，グループの対話場面で出ていると○。もしも，出ていない場合は，「それぞれにしかないことは，どんなことかな」と問う。

02 社会　都道府県クイズを作ろう

４年生

つけたい力！　資料のデータを読み取ったり，それらを編集して活用する力。

対話を白熱させる仕掛け

得た情報からクイズをつくるという課題を与えます。このことによって，活動のゴールが明確になり，子ども達の意欲を高めることができます。また，ヒントづくりでは難易度に差を持たせるようにします。どの子も，知識の多少に関わらず，「それはわかりやすい」「わかりにくい」などの意見が言え，全員参加を保障できます。

授業の流れ

日本地図を提示し，日本が東西にのびている島国であること，都道府県は47あることを教える。

▼

「知っていること，調べたことをもとにクイズをつくろう」と言う。

▼

「各都道府県について，自分が知っていること，調べてわかったことを白地図の中にできるだけたくさん書いてみましょう」と指示して，都道府県名が入った白地図（A3判）をわたす。このときに，地図帳の統計のページの使い方も教える。（個人思考・15分）

▼

対話15分

学習グループ（４人）で，３つの都道府県クイズを作る。選んだ都道府県を示すヒントを３つ考える。ヒントは，①難しい②少し難しい③簡単の３つの難易度で考える。（15分・画用紙にヒントを書き込む）

▼

各グループのクイズを出題し合い，都道府県クイズ大会を行う。

対話的な学びのここを見る！

「○○県に遊びに行ったときに大きなお寺を見たよ」「北海道の次に面積が大きいね」など経験したことや統計から調べたことが，グループの対話場面で出ていると○。もしも，出ていない場合は，「誰かから聞いたり，テレビで見たりしたことはないかな」「海がある県と無い県があるよ」「広さや人口にも注目してみよう」「地図で見ると茶色が多いところと緑が多いところがあるね」と話す。

03 社会　大昔の人になって対話する

6年生

つけたい力！　各々の意見をすり合わせて，よりよいアイディアに仕上げる力。

対話を白熱させる仕掛け

当時の人々の状況を知った上で，「マンモスをみんなで捕まえる」という課題を，対話しながら練り上げていきます。この過程を通して，昔の人々の苦労を，自分事として捉えさせます。「歴史学習」と言えば，「暗記でしょう？」と思っている子ども達。社会科の１時間目でイッキにその考えを覆しましょう。

授業の流れ

「ある生き物の鳴き声を聞かせます。この生き物は何でしょう」と問いかける。（野尻湖ナウマン象博物館「ムービー＆ボイスコーナー」http://nojiriko-museum.com/?page_id=116，2019年３月現在）

ナウマン象だと明かしたあと，その姿を提示する。（できれば，実物大の絵が提示できるとよい）また，次の情報を与える。
・肩高2.5メートル～３メートル。
・皮下脂肪が発達し，全身は体毛で覆われていた。
・牙は雄で長さ約240センチメートル，直径15センチメートル。

「大昔の人になったつもりで，グループで協力してナウマン象をとる方法を考えましょう。」（個人思考・５分・イラストを使って）

対話 15分

学習グループ（４人）で，各々の考えを聞き合って，発展させたり，組み合わせたりして，一つのアイディアにまとめる。（15分・捕まえ方を画用紙にイラスト入りで書く）

各グループのアイディアを，画用紙を見せながら発表し合う。

対話的な学びのここを見る！

「安全に捕まえる」「効率的（楽に）に捕まえる」などの言葉が，グループの対話場面で出ていると○。もしも，出ていない場合は，「『安全，効率的』という言葉が出ているといいね」と話す。

01 算数　いやな思いをしないような分け方にするにはどうしたらよいか

２年生

つけたい力！　条件や根拠をもとにして話し合い，正しく判断していく力。

対話を白熱させる仕掛け

「２人ともいやな思いをしないような分け方」を条件として提示することで，子ども達は自然と２等分することを目指して折り紙を折り始めます。また，この条件をもとにしてペアやグループで話し合いを行い，自分たちの分け方が正しいかを判断していくことになります。

授業の流れ

「食パン１枚を２人で，どちらもいやな思いをしないように分けるには，どのようにすればいいのか考えよう」と伝え，折り紙を与える。折り紙を折って考える。（個人思考・５分）

「２人ともいや思いをしない」条件に当てはまっているかペアで分け方を交流する。
「同じ大きさ」になるように分ければいいということを確認する。二分の一の定義を確認する。

四分の一の大きさはどうやって作ればよいのだろう。

対話 15分

グループで折り紙を使い，相談し合いながら四分の一の大きさを見つける。

各グループのアイディアを聞く。（「十字に分ける」「三角形４つに分ける」「短冊のように分ける」など）
分けた「四分の一のパーツ」同士が同じ大きさになっているかを確認する。

対話的な学びのここを見る！

分けた一つ分が，同じ大きさ，同じ形になっているかを根拠としながら話し合えていれば○。話し合いの中で，八分の一，十六分の一も作ってみたいという子が出てきたときには，その発言を取り上げ，全体で取り組む。

02 算数　式から面積の求め方を説明し合う

４年生

つけたい力！　複合図形の求積方法を式から想像し，その考え方を相手に分かりやすく伝える力。

対話を白熱させる仕掛け

導入でゲームを取り入れることにより，複合図形の面積を求めることの必要性が生まれます。また，式から考え方を想像することにより，ゲーム感覚で考え方を説明する時間が生まれます。説明することが苦手な子でも，相手に自然と伝えたくなり，気付いたら意欲的に説明していたという状態になります。

授業の流れ

「ゲームをしましょう。面積の広いカードを引いた方が勝ちです」と話し，下の図形が描かれたカードを裏にしたまま配る。（ただし寸法は入っていない）ルールは，①じゃんけんをして勝った人からカードを選ぶ，②「せえの！」でカードを開く，③10秒で決着をつける。

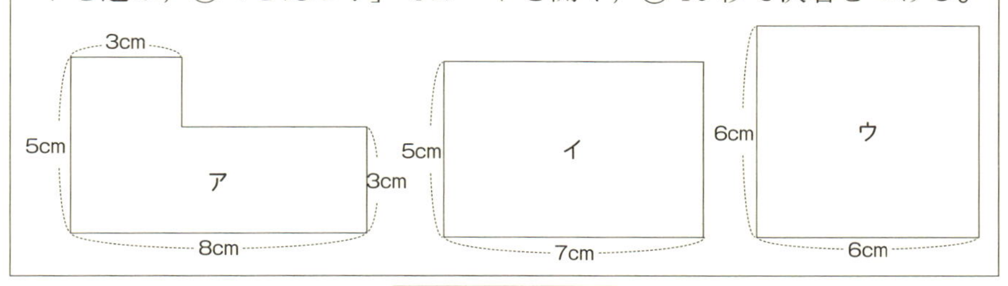

「ア VS イ」「ア VS ウ」がよく分からない。アの面積を求めてみよう。全体で図形の辺の長さも確認する。

隣の人に式だけを教えて，どんな考え方をしたか答えてもらおうと投げかける。何度か相手をかえて取り組む。

対話 15分　対話実例 ▶ p.141

隣の人が考えた式を見て，どんな考え方をしたのかを当てる。

ちがう図形の面積でも考え方クイズを行う。

対話的な学びのここを見る！

どのような考え方をしたか，式から想像して説明できていれば○。答えられない子がいる場合には，ヒントを出してもいいことを伝える。

03 算数　目的地までの時間を考えて，出発時刻を話し合う

３年生

つけたい力！　移動の目的やかかる時間などの条件を考えて，時間の計算をしながら計画する力。

対話を白熱させる仕掛け

通る道と出発時刻を自分たちで決めます。そのことにより，10時ぴったりに到着できるように出発時刻を決めたり，少し余裕をもって出発時刻を決めたり，道の途中にあるお店で道を決めたり，グループによって選択が変わってきます。時間の計算を，より実際場面を想定して活用することができます。

授業の流れ

待ち合わせの公園から動物園へ行きます。そのとき，午前10時00分からのペンギンショーに間に合うように，移動したいと思います。

どの道を通って行きますか？何時何分に公園を出発しますか。実際に移動するつもりで考えましょう。なぜ，その道を選ぶのか理由もはっきりさせましょう。

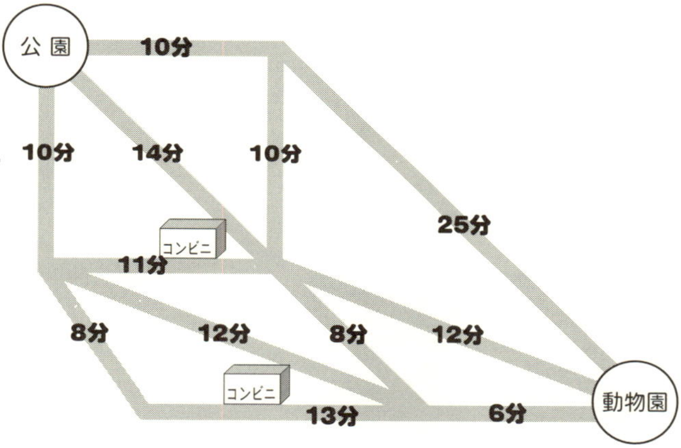

(図中の書いてある時間は，かかる時間である。)

対話 15分

グループ(4人)になってどの道を通って動物園まで行くか話し合う。

話し合ったことを，全体に発表する。自分たちが決定したルートで本当によいかを考えながら他グループの話を聞くよう促す。最後にまたグループに戻し，ルートを最終決定する。

対話的な学びのここを見る！

どのような条件で通る道を選ぶかを明確にして話し合いが進んでいるかどうかを見る。

04 算数　当たりとはずれの比率について対話する

6年生

つけたい力！ 目的を達成するために比の考え方を使って，話し合い，問題を解決していく力。

対話を白熱させる仕掛け

自分たちで当たりくじとはずれくじの比を決めるという対話を設定します。このことで利益のことを考えたり，利益は考えずに楽しんでもらうことを優先させたりという多様な考えを引き出せます。また，話し合いを通して，比を実際に使って考える良さを実感させることができます。

授業の流れ

町内会のお祭でくじ屋を開くことになりました。くじは150枚あります。当たりとはずれの数の比は，自分で決めてよいと町内会長さんから言われています。あなたなら，どんな比で当たりとはずれの数を設定しますか？　また，それはなぜですか。値段はくじ一回につき300円であることを伝える。（個人）

対話15分

それぞれの考えを出し合いながら，４人（学習グループ）で出店するとしたら，当たりとはずれの数の比をどうするかを話合おうと指示する。

「ノートにメモを残す」「一人２回は発言する」ことを伝えておく。

グループで話し合ったことを全体に伝える。

もう一度グループに戻り，自分達の設定でよいかを話し合い，最終決定する。

対話的な学びのここを見る！

当たりとはずれの比率をどうしてそのように設定したかが明確になっていれば○。比率を決めるだけで終わっているグループには，当たりの枚数は実際にいくつになるかを問いかける。当たりくじの枚数と「こんなくじ屋にしたい」というイメージが合っているかを確認する。また，「儲けはどうか」「客が楽しめるか」という観点から，よりよい比率はないかをさらに話し合うきっかけをつくるようにする。

05 算数　条件を変えると平均はどう変わるか?

5年生

つけたい力! 話し合いを通して条件を変化させることによって,平均の値がどの程度変化するのかを予想することができる力。

対話を白熱させる仕掛け

平均点数を比較する学習です。一方の組の点数を決めないことにより,条件によって平均点のよいクラスが変わるように設定します。「もしも◇点なら」と何度も点数の値を変えていくことで,平均点のよいクラスの分かれ目を発見することができるようにします。

授業の流れ

算数のテストの点数を比べました。点数のよいクラスはどちらですか？

１組	85	90	75	100	80	85	75
２組	70	95	90	80	80	？	／

数字は「１組85点，２組70点」「１組90点，２組95点」というように，表を開きながら見せていく。表から気付くことを全体で確認する。次のようなことが発表される。

・平均点を求めれば，点数のよいクラスが分かりそう
・２組のほうが人数が少ない
・？に入る点数によって，平均点が変わりそう

対話 15分

「点数のよいクラスが逆転する境目は，『？』が何点と何点の間なのか」を，学習グループ（４人）を作り，話し合いながら問題を解決していく。

話し合ったことを，全体に伝える。平均点のよいクラスが変わる，「？」に入る点数の境目を全体で確認する。

対話的な学びのここを見る！

「?」に入る数によって１組と２組，どちらが点数がよいか変わる。「○点より下だと，１組の方がよい」，「△点より上だと２組の方がよい」のように，「?」に入る数によってどちらの平均点がよくなるかを話し合えていれば○。

01 理科　磁石に引き付けられるものの特徴に気付く

３年生，物質・エネルギー

つけたい力！　自分たちのグループと他のグループでの話し合いの結果から，磁石に引き付けられるものの特徴を見つけ出す力。

対話を白熱させる仕掛け

学習グループ（４人）ごとに磁石に引き付けられるか，引き付けられないか調べたいものを集めます。そして，実験をした後に，引き付けられたものと引き付けられなかったものをグループごとに発表をします。自分たちのグループだけではなく，他のグループの結果も知ることで，理解が深まっていきます。

授業の流れ

棒磁石を提示します。そして，「この棒磁石は，クリップを引き付けると思うかな」と問う。予想をさせて，実際に棒磁石に近づけてみる。クリップ以外にも，ハサミの鉄の部分や持ち手の部分など数種を例として取り上げる。（例を示すことで，磁石がものを引き付けるとはどのようなことか確認をする。）

▼

子ども達に，磁石に引き付けられるか調べてみたいものを考えさせる。学習グループで調べてみたいものを話し合い，グループの机に集めさせる。

▼

対話 15分

グループごとに予想をしながら，実験をさせる。そして，グループの机の上に，引き付けられたものと引き付けられなかったものを分けて，置かせる。その後，グループ４人のうち１人は残る。他の３人は，他のグループの結果を見に行かせる。残った１人は，グループの代表として他のグループの人に結果を紹介させる。

▼

他のグループを見て回り発見した，磁石に引き付けられるものの特徴を話し合い，発表させる。

対話的な学びのここを見る！

鉄の物が磁石に引き付けられることに気付いていたら○。気付くことができるように，引き付けられるものと引き付けられないものに，グループ分けさせるようにする。

02 理科　おがくずはどう動く？

４年生，物質・エネルギー

つけたい力！　温まった水が移動して全体に温まっていくという物の性質と温まり方を関係付けてとらえることができる力。

対話を白熱させる仕掛け

温められた水は，どのように動くのか考えます。そのままでは水の動きは見えにくいため，おがくずを入れたビーカーを図示させ対話をさせます。

これで，おがくずがどのように動くのか可視化できるので，論点が明確になります。

授業の流れ

前時に行った金属のあたたまり方を図に表し，どのような順番で温まっていったか確認をする。

おがくずを入れたビーカーと過熱器具を提示する。「水が温まっていくときに，おがくずはどのように動きますか？　図に表しましょう」と指示する。

まずは，個人でおがくずがどのように動くかを図に表す。その際に，ビーカーの図をたくさん印刷しておく。図に表し考えることを繰り返しながら，自分の考えとして１枚にまとめさせる。（個人思考）

対話 15分

図にまとめた考えを示しながら，グループで話し合わせ，グループの統一見解をつくらせる。ビーカーの図はたくさん印刷しておき，試行錯誤させる。グループで一つの考えに絞るために，考えをわかりやすく説明をしたり，意見の違いについて質問をしたりして，対話を深める。

実際に実験を行い，話し合った内容の是非を確かめる。

対話的な学びのここを見る！

対話の場面で，前時に行った「金属の温まり方」での学習をいかした意見が出ている。また，「ここあたりで温まる」「このあたりで冷える」など温度変化や場所に言及していれば○。

03 理科　ふりこの実験方法を考えよう

５年生，物質・エネルギー

つけたい力！　どのような実験を行えば，自分たちの考えた仮説を立証できるかを考える力。

対話を白熱させる仕掛け

どの子も経験をしたことがあるだろう「ぶらんこ」を取り上げて，ふりこの原理を考えていきます。「体重が重い人の方が，速いだろう。」「高い位置まで漕いだ方が速かった気がする。」など根拠となる経験を想起します。身近な経験をもとにしているので多様で効果のある実験方法を考えることができます。

授業の流れ

「ふりこのきまり」全６時間の第１時間目に行う。
同じ長さのぶらんこに，小さな子どもと体格の良い大人が乗っている写真を提示する。そこで，「どちらのぶらんこの方が速いと思う？」と問う。そして，理由を聞く。「軽いものは運ぶのにエネルギーがいらないから小さな子どもが速いよ」「重い方が勢いがつくから，大人の方が速いよ」

さらに，「どうしたらぶらんこの速さを速く（１往復の時間を短く）できるか」考えさせる。（個人思考５分，ペア対話３分）

対話15分

ぶらんこの何の条件を変えると速くなるか発表させ，仮説（「重さ」「紐の長さ」など）を設定する。さらに実験方法の図を画用紙に書かせ，発表させる。

考えた実験方法に沿って，実験を行っていく。

対話的な学びのここを見る！

「体の大きい人の方が，ぶらんこの速さがと速いと思うから重りの重さを変えて調べてみたい」など，その実験方法が良いと考えられる理由や根拠を明確にしての意見が言えると○。これまでの経験などとも結びつけながら考えさせることで，「ふれはば」や「ふりこの長さ」などにも着目をさせたい。

04 理科　体のしくみを調べよう

４年生，生命・地球

つけたい力！　仲間と一緒に体を動かしたり，触ったりした経験から感じたことをまとめていく力。

対話を白熱させる仕掛け

子ども達は，腕がどうして曲がるのか，体のどこにどんな骨があるか，知っているようで知りません。

知っていると思っていることを問い，本当はわかっていないことに気付かせることで，「どうなっているのだろう？」という探求したい気持ちを高め，その後の学習への意欲につなげていきます。

授業の流れ

「前腕は，何本の骨があるでしょう」と問う。すると，「1本。」「2本。」「10本。」など様々な意見が出てくる。そこで，「自分の体のことも知らないの？」と少し挑発する。

自分の体，友達の体を触り，確かめさせる。その後に，レントゲン写真を提示して，2本になっていることを確認する。

人の体全体のレントゲン写真や人体模型を提示する。その後，「骨のつなぎ目と体の動き方で気付くことはない？」と問い，考えさせる。肘などの骨のつなぎ目と腕などの骨のつなぎ目ではないところの動きを比較させる。

対話 15分

学習グループ（４人）で，レントゲン写真などを見ながら体を動かしたり，友達の体を触ったりしながら動き方を調べる。その後，グループの気付きを画用紙にまとめる。

各グループのアイディアを，画用紙を見せながら発表し合う。

対話的な学びのここを見る！

骨のつなぎ目だけは曲がるが，つなぎ目ではないところは曲がらないことが出てくると○。手などは，たくさん曲げられることからたくさんの骨に分かれていることに気付けば◎。もし出てこない場合は，手と前腕のレントゲン写真と動き方を比較させて，「たくさんの骨に分かれているから，手はたくさん曲がる」ことを確認していく。

05 理科　たまごの育ちで対話する

5年生，生命・地球

つけたい力！　根拠を明確にしながら，自分の考えを説明する力。

対話を白熱させる仕掛け

メダカのたまごの中の変化の様子を観察する前に行います。どのような順番でたまごの中の様子が変化するのか，写真を並び替えます。写真の並び替えなので，全員が参加することができます。また，「並び替え」という単純な活動ですが，周囲との考えの違いが生まれ，「友達に説明をしたい。」という意欲がぐんと高まります。

授業の流れ

メダカのたまごは，どのように育つのか観察をしていく前に「どんな順番で育っていくと思う？」と問いかけながら，写真を１枚ずつ提示していく。（まちがった順に提示）１枚ずつ提示することで，それぞれの様子の違いやめだかの目や心臓などの様子に着目させる。

▼

提示した写真を，並び替えさせる。（個人思考）写真１枚ずつをしっかり観察しているか。その上で，「どうしてその順番に並び替えたのか」根拠を明確にしながら説明する準備ができているか観察する。

▼

考えを発表させる。（全体思考）いくつかの異なる考えを出させる。

▼

対話 15分

根拠を明確にしながら自分の考えを，説明させる。その中で，他の友達の意見との違いや，根拠の違いなどについて対話する。

▼

実際にたまごの変化の様子を観察していき，正しい順序に並び替える。

対話的な学びのここを見る！

「たまごの中の黒い点は目だと思うから，だんだんはっきりしてくる方が日にちが経っている。」というように，たまごの様子を根拠として話すことができていれば○。また，そのことを確かめるために「観察したい。」という気持ちが高まっていればよい。

06 理科　食物連鎖を考える

6年生，生命・地球

つけたい力！　違うテーマについて調べた友達との対話から，共通点を見出す力。

対話を白熱させる仕掛け

食物連鎖について，思考ツール（ピラミッドチャート）に調べたことを整理します。そうすることで，「食べる・食べられる」という関係がはっきりとわかります。また,「陸の生物」について調べたことと,「海の生物」について調べたことという違うカテゴリーの共通点を見つけるという活動が対話を白熱させます。

授業の流れ

①　各４人グループを，陸ペア（陸の生き物を調べる）と海ペア（海の中の生き物を調べる）の２人ずつに分ける。
②　思考ツール（ピラミッドチャート）に，「食べる・食べられる」の関係をまとめる。（ピラミッドは３段か，４段。下の動物は上の動物に食べられるという関係。）
③　ペアでできるだけたくさんのピラミッドチャートをつくる。

各グループでピラミッドチャートにまとめさせる。（10分）

対話 15分

ピラミッドチャートを示しながら，ペア同士，班で説明をし合う。その後，陸グループと海グループの生き物同士のつながりの共通点を話し合わせる。例）小さいものは大きいものに食べられる。

班で話し合ったことを，学級全体に発表をさせる。

対話的な学びのここを見る！

生き物同士の「食べる・食べられる」関係を，複数見つけることができれば○。児童の実態に応じて，ピラミッドの形のように，ライオンなどは少なく雑草などは多くなっていることにも気付けば◎。食べ物のもとをたどると植物にたどりつくことに気付かない場合が考えられる。特に，海の中の生き物については気付きにくい。そのため，植物性プランクトンの写真などを用意して説明を行う。

01 生活　季節が変わると，どんな変化があるのかを話し合う

６年生，生命・地球

つけたい力！　対話を通して，自然の移り変わりの様子やそのよさに気づくことができる力。

対話を白熱させる仕掛け

イラストや写真を子どもに見せることで，観察したことを想起させやすくします。イラストや写真は，同じ場所，同じものとし，春夏秋冬の４種ずつを用意します。その変化していく様子に気づかせる学習です。季節による様子の変化を見つける活動が，間違い探しのような楽しい学習になり，意欲的に対話が行われます。

授業の流れ

「季節がかわると，どんな変化があるかさがしてみよう」という課題を提示する。子どもが描いた絵や「探検」の時の写真を黒板に貼る。

「季節ごとの絵や写真を見て，違うところを出来るだけたくさん見つけましょう。見つけたことは１つずつ付箋に書きましょう」（個人）
・八百屋さんで売っているものが違う　・飛んでいる虫の種類や雲の形が違う　・地面に落ちているものが違う　・町の人の服装が違う

対話 15分

「４人グループで何を書いたか交流します。季節による違いを短い言葉でまとめましょう。」
生き物，服装，空，売物，落ちている物，街の飾りなど

「どうして季節によって違いが出てくるのか理由を考えましょう。」
・自分たちでわからないことは疑問としてメモしておく。
・グループで出た疑問の中で，自分が一番知りたい疑問を選ぶ。

グループごとに疑問を発表し，学級全体で疑問に対する予想を立てる。学級でも解決できないものは調べる方法を検討する。

対話的な学びのここを見る！

「寒くなってきているから，街を歩いている人の服装が変わった」「季節に合わせたものを売っているよね」など自分たちの生活経験と記憶を結びつけた発言があると○。

02 生活　自分にもできるかな

１年生

つけたい力！　よりよい方法を見つけるために話し合う力。話をしたことをもとに実践する力。

対話を白熱させる仕掛け

対話と，シャツをたたむという体験を繰り返すことで，具体的に話し合いを進めることができます。みんなのたたみ方が違うということがわかり，その意外性が対話への積極的な参加を促します。また，手伝いをするという明確な目的があるので，子ども達一人ひとりが意欲をもって学習に参加することができます。

授業の流れ

・４人グループで順番に子ども用のポロシャツ（長袖）をたたむ。
（自分の家のたたみ方を思い出し，実践してみる。）
・人によって方法が違うこと，意外と難しいことを体験させる。

「お家でお手伝いをするために，洗濯物をきれいにたたむコツを見つけよう。」

対話15分

グループごとに意見を出し合い，きれいにたたむにはどうしたらよいのかを考える。（ポロシャツのシルエットを印刷して配布）
・それぞれのたたみ方を比べ，似ているところを見つける。
・どうしてそうしたたたみ方をするのか，そのわけを考える。
・コツになりそうなことをメモする。

グループで考えたコツをグループごとに発表して交流する。
自分が一番きれいにたため，またたたみやすいコツを選ぶ。

・家でも実践できるようにたたむ練習をする。
・家で服をたたむ計画を立てる。

対話的な学びのここを見る！

「お母さんはいつも袖と袖を合わせているよ」「ぴったり重なるようにたたむといいと思う」「ボタンをした方がたたみやすいね」など体験や経験を想起し，よりよい方法を見つけようとする発言がみられると○。

03 生活　新１年生にわかりやすい発表を検討する

１年生

つけたい力！　相手の年齢や話す場面の状況に合わせた表現方法を検討する力。質問されたことに対して正しく答える力。

対話を白熱させる仕掛け

新１年生に教えるという目的を伝えることで，体験や知識を分かりやすく伝えようとする意識を高めることができます。

子ども全員が下級生に教える役割を担うので，話し合いに参加する意欲も高まります。また，日常の経験を話すというテーマなので，どの子も話す内容を見つけやすく，安心して活動することができます。

授業の流れ

「学校の楽しさを１年生にわかりやすく伝えよう」という課題を提示する。

新１年生が一日入学（２月）で登校し，今の１年生と交流する時間があることを伝える。

話す内容をはっきりさせるために，次の活動を指示する。
・隣の人に「学校で楽しいことはなんですか」と質問しましょう。
・相手の話を聞いて「どうしてですか」「もっと詳しく教えてください」「誰としたのですか」「できるようになったことはなんですか」「学んだことはなんですか」などの質問をしましょう。

対話15分

どうすれば何も知らない新１年生に今の内容をわかりやすく伝えられるのか，グループで案を出し合う。グループで出された意見は全て紙にメモをしておく。

クイズ形式にする，絵や写真も見せる，役割演技をする，実物を見せたり，実演したりするなど。

自分が取り入れたい方法を選び，練習する。ペアで発表を見せ合い，アドバイスし合う。

対話的な学びのここを見る！

「どちらの方がより伝わるか」「もっと，○○にすればいいよ。だって〜」など発表の方法をより高めようとする発言が見られると○。

01 音楽　「音楽学び一覧表」を使って歌い方について対話する

6年生

つけたい力！　既習の知識を活用し，曲の特徴にふさわしい音楽表現を考える力。

対話を白熱させる仕掛け

1年間，音楽の授業で使用した言葉を書き溜めた模造紙「音楽学び一覧表」（p.148）を活用して，卒業式の歌について歌唱表現の工夫を考えます。既習の学びを見えるように掲示しておくことが，「工夫する」と言われてもなかなか言葉が出てこない子どもの助けとなります。対話を通して，思いを生かした合唱を全員で作り上げましょう。

授業の流れ

授業の度に使用した言葉を分類して模造紙に書き留めておく。音楽を特徴付けている要素（リズム，強弱，フレーズなど）。仕組み（反復，呼びかけとこたえ，変化など）。音符，休符，記号や用語。感受の言葉（明るい，寂しい，華やかな，重々しくなど）。

▼

卒業式の歌を何度か歌った段階。掲示している「音楽学び一覧表」で１年間の学習を振り返った後，「学びを生かして，曲の特徴を調べ，どのように歌うかを考えよう」と告げる。

▼

各自で強弱や反復など曲の特徴を見付け，楽譜に気づいたことのメモをとる。教科書以外の楽譜を使用する場合は，旋律と音楽記号のみの楽譜に作り変えて使用する。（個人思考５分）

▼

対話15分

対話実例 ▸ p.143

出だし，一番の盛り上がり，終末に曲を分けて提示する。曲の特徴や歌詞をもとに，どのように歌うか話し合う。（15分）

▼

各グループの考えを全体で試しながら表現の工夫を決める。さらに，「力強く歌う」など決まった表現について，どのようにしたらその表現ができるか技能面についても話し合う。

対話的な深い学びのここを見る！

歌詞や音楽記号などをもとに「のびのびと歌おう」などの言葉が出ていたら○。フォルテだから強くということに留まっている場合は，「力強く」「伸びやかに」など感受表現のキーワードに目を向けさせる。

02 音楽　今の気分を楽器で表し対話する

２年生

つけたい力！　鍵盤ハーモニカの音の強さ，長さ，高さを変えて気分を表すことに興味をもち，友達と積極的に関わり合って活動する力。

対話を白熱させる仕掛け

気分を表す音を考え，それをクイズにすることで，「問題を出したい！　答えたい！」という気持ちが膨らみ，音に対する感性を働かせた対話が白熱します。

一度経験した後，次は鈴で対話するなど活動を広げ，授業開始の挨拶から音楽活動を取り入れてみましょう。

授業の流れ

鍵盤ハーモニカは，息のコントロールによって強弱や長さを変化させることができることを確認する。

「先生は，今，どんな気分でしょう」と問いかけ，問題を出す。
・教師は低い音で一つ一つの音を強く吹く怒っている気分
・教師は高い音をスタッカートで素早く吹く。「焦っている」「急いでいる」など音の①強さ，②長さ，③高さに違いがあることを話す。

「鍵盤ハーモニカを使って友達と今の気分の当てっこ遊びをします。気分にぴったりの音を出してみましょう」と伝える。
（個人で音を出して試してみる・５分）

対話 15分

音楽に合わせて教室を自由に歩き，音楽が止まったところでペアを作り，「当てっこ遊び」をする。答える人は，相手の気分とそう感じた理由を，出題者は，解答とどのように音の出し方を工夫したかを伝える。（15分・ペアを変えて３～４回）

気分と音の出し方がぴったりだったと思う友達を全体で紹介する。

対話的な学びのここを見る！

「中くらいの音を静かに吹いているから眠い気分？」など，上記の①②③のポイントと気分を関連させていると○。繰り返し行い，様々な友達と関わることで，気分と音の出し方の関連に気付かせるようにする。

03 音楽　タブレットを使って対話する

３年生

つけたい力！　自分たちがつくった音楽を鑑賞し，さらに工夫することや改善点を見つけ出す力。

対話を白熱させる仕掛け

タブレットで動画を撮って自分たちが作った「魔法をかける場面の音楽」を鑑賞します。自分たちの演奏を見ることで，できていること，できていないことが分かり，意見が出しやすくなります。

自分の演奏は，客観的に聴くことができません。その場で動画を撮って確認できるタブレットを活用しましょう。

授業の流れ

教材名『おかしのすきなまほう使い』（秋葉てる代作詞，大熊崇子作曲，教育芸術社３年）。曲の中の，魔法をかける場面で，自分たちがつくった「魔法をかける場面の音楽」を鳴らすことを告げる。

▼

グループでテーマ「〇〇の世界の魔法使い」（〇〇日本の，海の，静かななど）を決める。各自で楽器を選び，各自の「魔法をかける場面の音楽のもと」を考える。（個人活動）

▼

グループで，楽器の音を出す順番，楽器の組み合わせや重ね方，強弱を工夫しながら，「魔法をかける場面の音楽」を３回鳴らす。

「動画を見て，改善点やもっと工夫することを話し合いましょう。」（グループごとに教師が動画を撮影）

▼

対話15分

学習グループで，動画を見て，「魔法をかける場面の音楽」について，工夫や改善点について話し合い，音楽を完成させる。（15分・班に１台のタブレットを使用する）

▼

全体で，どんな国の魔法使いを表したか説明し，「魔法の音楽」を入れて『おかしのすきなまほう使い』を発表する。

対話的な学びのここを見る！

「だんだん楽器を増やそう」「１回目は小さく，３回目は大きくしよう」など３回の「まほうの音楽」の変化について話していると〇。可能なら音がよく聴こえるよう，グループ毎に別の教室を利用するとよい。

04 音楽　音の線を使って対話する

3年生

つけたい力！　曲に合わせて描いた“音の線”を手掛かりにし，旋律の変化や曲の感じを生み出している特徴に気付く力

対話を白熱させる仕掛け

自分と友達の“音の線”を比較し，共通する点を見付け，旋律の変化や曲の感じを生み出している特徴を考えます。

「曲を聴いて感じたことを書きなさい。」と言われても，曲のどこをどう表現したらよいのかわかりません。その場に留まることなく消えていく音楽を線に表すことで，曲の特徴を見えるようにし対話しましょう。

授業の流れ

「『メヌエット』（ベートーベン作曲）を聴いて，曲を線で表します。描いた線から，この曲の特徴について考えましょう。」

A3の用紙（長辺が縦になるように置き，横に３等分し，左側に①②③と書いておく）を配布し，“音の線”の描き方について，既習曲で例を示しながら説明する。
・曲の旋律や音の特徴に合わせて，線を描いていく。
・左から進み，右端まで描いたら左に戻って続きを描く（楽譜のように進む）。

曲を３つに分けて流し，“音の線”を①②③に描く。（個人・２分）

対話 15分　対話実例 ▸ p.143

学習グループ（４人）になり，描いた“音の線”を使って感じ取ったことを伝え合う。次に４人の線を照らし合わせて，友達と共通する部分を見付け，曲の特徴について話し合う。途中でもう一度，曲をかけ，話し合ったことを確認しながら，曲の特徴をまとめる。

全体で曲の特徴を整理した後，楽曲の構成（A—B—A）について説明し，もう一度，曲を鑑賞する。

対話的な学びのここを見る！

「途中から小さくギザギザになったのが似ているね」等，共通点についての視点が線の特徴だけに留まっている場合は，「その線はどんなことを表しているの？」と問いかけ，旋律と線の関係を結びつける。

01 図画工作　製作途中の鑑賞で対話する

３年生

つけたい力！　鑑賞して感じたことを伝えたり，質問したりする力。自分の作品についてどのように表したいか考え，質問に答える力。

対話を白熱させる仕掛け

製作の途中で，友達と鑑賞し合う時間を意図的に設けます。友達が自分の作品に興味をもって質問してくれることで，作品をもっと良いものにしようという意欲が高まります。途中で飽きてしまったり，ただなんとなく仕上げてしまったりする子ども達への処方箋となる活動です。

授業の流れ

「大好きな物語の絵を描こう」（6時間扱い）という活動の4時間目。彩色が半分ぐらいまで進んでいる段階で「作品をもっと工夫して，よりよいものにするために，友達と鑑賞タイムを取ります」と伝える。

友達の絵の鑑賞のポイントについて確認する。
・友達の作品を見て良いなあと感じたこと
・友達に聞いてみたいこと
・友達の作品のこれからどうするのか気になるところ

４人でグループを作り，友達の作品について，鑑賞ポイントに沿ってメモする。簡単なワークシートを用意しても良い。（個人思考・15分）

対話 15分

「友達の作品の良いところを伝えたり，気になるところを質問したりしましょう」と伝え，グループの中で，まず一つの作品を囲み，製作者と対話する。（一作品ずつ全員分）

交流で広げた思いや新たに考えた工夫を生かし，絵を完成させる。

対話的な学びのここを見る！

「見たこともない海だから，不思議な感じを出すために，いろんな色を混ぜて塗りたい」など，これからの学習の中で，表したい思いや工夫しようと思っている点を伝えていたら○。工夫が思いつかない場合は，友達がアドバイスするように伝える。

02 図画工作　絵本鑑賞で対話する

３年生

つけたい力！　絵本を見て，様々な表現方法があることに気付き，それぞれの絵がもつよさや面白さを感じ取る力。

対話を白熱させる仕掛け

「何だ？　これは?」と感じる絵本を紹介し合います。いつもと違った視点で絵を見ることで「自分の発見を紹介したい！」「友達の発見を知りたい！」という思いにつながります。

子ども達のもつ「きれいな絵＝上手」という概念を打ち破って，自由な感性で絵を描くためのきっかけをつくりましょう。

授業の流れ

大好きな物語の絵を描く活動（6時間扱い）の１時間目。
数冊の絵本を提示し，絵の表現方法（線の太さ，色の塗り方，画材など）を比較して，それぞれどんな感じがするか問う。例）『じごくのそうべえ』（田島征彦作・絵，童心社），『おにたのぼうし』（あまんきみこ作・いわさきちひろ絵，ポプラ社），『かたあしだちょうのエルフ』（小野木学作・画，ポプラ社）。

「図書館で，『何だこれ？　○○だな！』と感じる絵本を探そう」と投げかける。○○の部分は，「変だな」「面白いな」「すごいぞ」「子どもが描いたみたいだな」など感じ取ったことを入れることを伝える。

学校図書館で，絵本を探す。（個人作業・10分）

対話 15分

対話実例 ▸ p.144

友達とペアになり，「『何だこれ？　○○だな！』という絵本を見つけたよ」と紹介し合い，友達の見つけた絵本について感想を伝え合う。（ペアを変えて３回）

絵には様々な表現方法があり，それぞれに製作者の思いが込められていることを伝え，大好きな物語の絵を描く活動に入る。

対話的な学びのここを見る！

感じ取ったこと（○○の部分）とともに，表現方法（クレヨンで描いている，はみ出して塗っているなど）について話していたら○。途中で数名の発表を取り上げ，全体に対話のモデルを見せる。

03 図画工作　メンバー構成を工夫し作品鑑賞する

5年生

つけたい力！　作品を見て，直感的に感じたことや，友達とのやり取りを通して感じたことを伝える力。

対話を白熱させる仕掛け

作品鑑賞するグループメンバーを，鑑賞カードに記入した人，その作品を初めて鑑賞する人，製作者という構成にします。カードに記入した人が対話のきっかけを作り出し，初めて鑑賞する人は，直感的に感じたことを話します。メンバー構成を工夫して，書いたことを読み上げるだけの形式的な鑑賞から抜け出しましょう。

授業の流れ

粘土を練って，心の形を立体に表す作品が完成した後の鑑賞活動。

「友達が表したいと思ったことを想像してみよう」と告げる。

３人組（A，B，C）になり，AさんはBさんの作品，BさんはCさんの作品，CさんはAさんの作品について鑑賞カード（作品をどこから見たか・友達が表したいと思ったことは何か・友達に聞いてみたいこと）に記入する。（個人思考・５分）

対話 15分

先ほどと同様の３人グループで各々の作品に対して鑑賞し合う。

① 鑑賞カードを書いた人が，感想を伝える。

② 初めて鑑賞する人が自分の感じたことを伝える。

③ 製作者の思い。
（どこから見て欲しいか，どんな心を表したかなど）

④ 新たに気付いたことや感じたことを伝え合う。
（15分・５分ずつAの作品Bの作品Cの作品を鑑賞する）

鑑賞会で友達とやりとりを通して感じたことを全体で交流する。

対話的な学びのここを見る！

「Aさんは○○って言っていたけれど，私は○○と感じたよ」など，友達の話につなげて，自分の見方を伝えていると○。また，友達の感じたことに対して共感する，感心するなど，反応して聞くように促す。

01 家庭科　毎日３分！　家族が喜ぶ大作戦

６年生

つけたい力！　対話を通して，お互いの考えのよさを生かしながら家族に役立つ計画を立てる力。

対話を白熱させる仕掛け

自分の生活をふり返るところから，学習を始めます。さらに，家族が喜ぶことをする行動を続けるコツにも気づかせます。ポイントは，「短い時間」で「毎日続けられる」ということです。

サッとできてみんなが喜んでくれるような計画を立てることで，その後の家庭生活が変化することも実感させることができます。

授業の流れ

「自分の１日の中の過ごし方を振り返ってみよう。」
それぞれにタイムスケジュール表の中に自分の１日の過ごし方を書き込む。（個人思考７分・「家族が喜ぶ大作戦カード」p.149 参照）

１日の中で家族のためにしていることを発表し合う。それが，なぜできているのか，また，できていない場合はできない理由を考える。
・毎日やることなので，習慣になっている。
・難しいことではないから続けられる。　　など

「毎日３分でできる，家族が喜ぶことを考えよう。」
それぞれに家庭でできそうなことを考える。朝，帰宅後，夜に分けてできるだけたくさん書く。（個人思考・５分・作戦カード）

対話 15分

学習グループ（４人）で，それぞれできそうだと考えたことと理由を話し合う。班の中で話し合って，実行する作戦を選ぶ。その際に「朝できそうなこと」「帰ってからできそうなこと」「夜できそうなこと」をそれぞれ決める。（15 分・作戦カードを見せ合いながら話を進める。決まったものは，それぞれの作戦カードに書き込む）

対話的な学びのここを見る！

「家を出るときに，玄関を掃き掃除してから出たらみんな喜ぶかもしれない」「帰ったら，ホワイトボードに家族へのメッセージを書くのはどうかな」などのように，家族の立場に立った発言が，グループの対話場面で出ていると○。

02 家庭科　いろいろなおにぎりを作ろう！

5年生

つけたい力！　対話を通して，お互いの考えを尊重しあいながら，テーマに沿って話し合う力。

対話を白熱させる仕掛け

学んだことをもとに，おにぎり作りに挑戦させましょう。「家族が喜ぶような」「運動会が盛り上がるような」「友達ともっと仲良くなれそうな」などテーマを決めておにぎりの形や具材，巻くものを決めることで，場や対象となる人に適した献立について楽しく考えることができます。

授業の流れ

おにぎりの基本的な作り方を子ども達の発言を元にまとめる。（家での経験や家族の握り方を参考にする。）

①　「家族が喜ぶおにぎり」「運動会でクラスが盛り上がる」「友達と仲良くなれる」など，おにぎり作りのテーマを例示する。
②　ほかにどんなテーマが考えられるかも発表させる。
③　グループで統一したテーマを決めさせる。
④　各自テーマに沿ったおにぎりの案を考え，紙に簡単に描くように指示する。（できるだけたくさんアイディアを出す。）
（個人思考・７分）

対話15分

学習グループ（４人）で，それぞれの考えたおにぎりと理由を話し合う。班の中で「味」「見た目」「作りやすさ」について検討し，テーマごとにおにぎりトップ３を作る。（15分・ランキングで選ばれたおにぎりの絵と，それが選ばれた理由を画用紙に描く）

各グループが決めたランキングを画用紙を見せながら発表し合う。ランキングで選ばれたおにぎりは，調理実習で作り，感想を発表し合う。

対話的な学びのここを見る！

「テーマに合っているかな？」「おいしく見える形はどんなのかな？」などの言葉が，グループの対話場面で出ていると○。もしも，出ていない場合は，「家族の好みは？」「運動会で食べたい具ってなに？」と話す。

03 家庭科　目指せ！　買い物名人

5年生

つけたい力！　生活体験や学習したことを生かしながら，対話を通して上手な買い物の仕方についてまとめる力。

対話を白熱させる仕掛け

生活体験や学習したことなどから，子ども達は「よい買い物の仕方」をなんとなくはわかっています。それを具体的に意識するために「こんな買い物は×だ」というテーマを与え，個人思考をさせます。そこから，チェックリストづくりをさせることで，他者の意見と自分の意見の異同に気づくこともできます。

授業の流れ

「買い物成功チェックリスト」をつくろうと伝える。

「こんな買い物は×だ！」という事柄を，付箋１枚につき一事項書くことを伝える。（例：値段が高すぎる）
・作業時間７分とする。
・付箋５枚以上を目標とする。

対話15分

学習グループ（４人）で，次の活動を行う。
・それぞれの付箋に書いている事柄と，なぜそれがいけないのかの説明をし合う。
・すべての付箋を３つ，ないし４つのグループにまとめる。
・グループには見出しをつけてラベリングする。
（15分で画用紙にまとめる）

ワールドカフェの要領で，グループの３名が違う班に考えを聞きに行く。１人は自分の班の説明をするために残る。交流後，聞いてきた意見をもとに自分たちの班の意見を考え直す。「価格」「品質・原材料・産地」「目的」「環境への配慮」が大切であることを確認する。

対話的な学びのここを見る！

「安くても，壊れやすいもの，何が使われているかわからないものは安心できないね」「人にも自然にも配慮していて，安全に使えるものがいいね」などの言葉が，グループの対話場面で出ていると○。もしも，出ていない場合は，「安全」「安心」「環境」という言葉を与える。

01 体育　ルールを工夫して競技特性をつかませる

４～６年生，遊び・運動

つけたい力！　競技特性に応じて，ルールを決定し，誰とでもゲームを楽しめるようになる。

対話を白熱させる仕掛け

作戦タイムをとってみたが，思うように作戦が出ないこと，ありませんか。そこで，その単元の運動で思考させたいポイントを意識して「ゲームのルール」をつくります。そして，そのルールをもとに子ども達に工夫させることで，競技特性を自然とつかませましょう。（今回は，ベースボール型ゲームを例に説明します。）

授業の流れ

ルールを確認する。
・攻撃側は，ティーに置いた球か，味方がトスした球を打つ。
・守備側はボールを捕球して，全員がフープの中に入って，「はい！」と言う。攻撃側打者は，その時点でストップ。それまでの進塁に応じて加点。（２塁までなら２点）
・フープは５つ用意する。

試しのゲームを行い，感想を交流する。
・うまい人は遠くへ飛ばすことがわかった。
・右バッターは，左へ。左バッターは，右へ打つことが多い。

対話 15分

相手チームの特徴に合わせて，フープの置く場所を相談させる。置く場所を変えられるのは，守備が始まる前のみとする。攻撃時に，打席に立っていない人たちで，守備の振り返りを行い，次の守備の時のフープの置く場所を相談させる。

「なぜ」，「どこに」フープを置いたのかを振り返り，ワークシートや体育ノートに記述させる。記述後，発表する。単元終了時まで，毎時間，導入でワークシートを振り返ってからゲームに臨むようにする。

対話的な学びのここを見る！

フープの位置を考えるとともに，チームの仲間の技能レベルにも着目していれば○。互いに協力して取り組むためのフープの位置を考えられている班を全体に紹介するとよい。

02 体育　集団技に取り組ませる

全学年，遊び，運動

つけたい力！　相手に応じて，自分の力を調節したり，より高いレベルの技を習得しようと練習したりする態度。

対話を白熱させる仕掛け

器械運動において，できない子が他と比べてしまい，やる気をなくす場面がよく見られます。２人以上で集団技に取り組ませることで，みんなが「共に技を創る仲間」となります。タイミングやリズムなどのポイントを意識した集団技に取り組ませて，互いの技を磨き合わせましょう。（マット運動を例に説明します。）

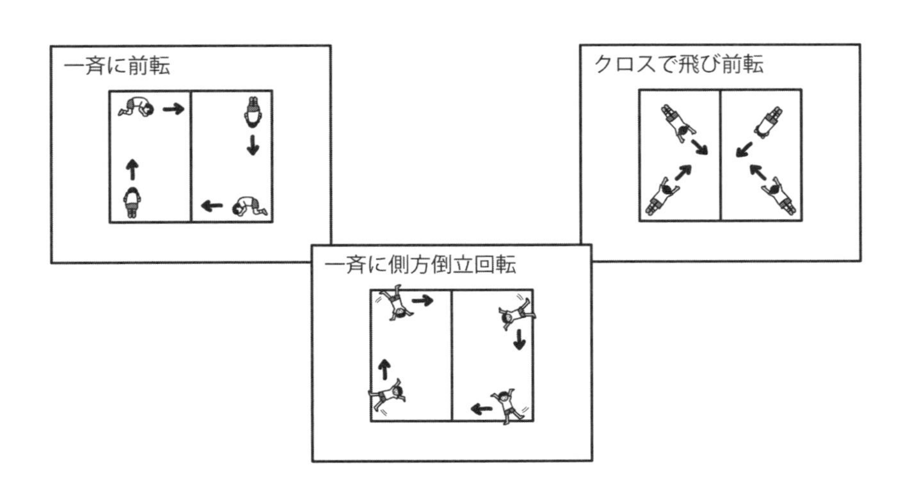

授業の流れ

課題技，発展技を指定して，個人練習に取り組ませる。
3･4年では，課題技を前転，後転，開脚後転，側方倒立回転とする。子どもの実態に応じて，頭倒立などを取り入れてもよい。課題技で取り入れられなかった学習指導要領の例示技に関しては，授業の導入で取り組むユニットを作る。発展技は技カード(p.150)の中に示しておく。

集団技の例示を見せる。（前頁参照）
※指定した課題技が全て入っている。発展技に挑戦している。
※タイミングが揃っているか，リズム，方向などを工夫しているか。

対話 15分

対話実例 ▸ p.145

教師が指定した人数（４人）のグループに分かれて，集団技を考えさせる。技のタイミング，方向，リズムのポイントを意識させる。「練習対話」を繰り返させる。ビデオで撮影して振り返られるようにすると，より対話が深まる。互いに教え合うことも奨励する。

集団技の練習を重ね，本番の日に発表する。ポイントに合致している工夫があった時には大きな拍手を送らせるとよい。振り返りでは，「技の構成」と「その構成の理由」について書かせるとよい。

対話的な学びのここを見る！！

集団技を考えるときに，ちょっと難しい程度の技を選択できていれば○。リズムの掛け声をかけさせると，自然とまとまっていく。アドバイスしたり，励ましたりする姿を全体で共有し，支持的風土を創っていく。

03 体育 不安や悩みに対処する

6年生，保健

つけたい力！ 不安や悩みに対処する方法を数多く知り，自分に合った方法を見つけ出せる力。

対話を白熱させる仕掛け

不安や悩みを解消できない子ども達が，それを解消するための方法を見つけ出せるようにします。グループで話し合うことで子ども達にとって，より身近で取り組みやすい対処法が数多く見つかるような仕掛けになっています。また，仲間の不安や悩みをみんなで聞くことで安心感のある学級風土をつくるきっかけにもなります。

授業の流れ

本時の課題「不安や悩み対処法を作ろう」を提示する。

自分の不安や悩みを黄色のふせんに書き出す。

4人程度のグループをつくる。グループで書き出したものを4つ切り画用紙以上の大きさの紙の左側に全て貼る。

不安や悩みへの対処法を，教科書で調べ，赤ふせんに書き出す。教科書に書かれているもの以外の対処法も青ふせんに書き出す。

書いたふせんを先程の紙の右側に貼り付け，左側の不安の対処法となるものを線で結ぶ。似たものは近くに貼るようにする。

対話 15分

全員が，自分のボーン図の左側（頭部）に自分の最も解決したい不安を書き込む。まず，ある一人のボーン図に書かれた不安への対処法を全員で付箋に書き，ボーン図（骨部）に貼り付ける。本人ができそうな対処法を考える。（グループ全員に対して繰り返す）

ボーン図にある対処法から，できそうなものを選ぶ。

対話的な学びのここを見る！

自分に合った不安や悩みへの対処法を見つけられれば○。友達が不安や悩みについて真剣に考えてくれた喜びが持てるとなおよい。また4人の対処法を検討することで対処法の共通点も見えてくるだろう。そうした汎用性のある対処法に気付くことができれば◎。

01 外国語　挨拶でのフィードバックを学んで対話する

３～６年生

つけたい力！　決められたやりとりを基本として，状況に応じて自分のコミュニケーションの取り方を工夫しようとする力。

対話を白熱させる仕掛け

「質問する」「応答してもらう」「フィードバック」の「フィードバック」を学びます。フィードバックの仕方を学ぶことで，状況に応じて自分のコミュニケーションを選択し，表現することができるようになります。授業冒頭の挨拶活動を豊かにし，英語を通して自分のことを伝えられる喜びを感じさせましょう。

授業の流れ

英語の挨拶のやり取りとそのやりとりを日本語訳したものを見せる。「How are you?」，「I have headache. And you?」，「I'm happy!　Bye.」，「Bye.」「調子はどう？」「ああ。頭痛がしてね。君は？」「僕は，とっても気分がいいよ！　またね！」「またね。」

やりとりの不自然なところを問う。
・頭痛がしているのに，心配していない。

挨拶をしたときの相手の言葉への返事で困ることは何か尋ねる。
・相手を心配しているときなんと伝えて良いかわからない。「Are you OK ？」（教師が教える）
・「自分も同じだよ」と伝えたいとき。「Me too.」
・「すばらしい！」と伝えたいとき。「Great!!」
・これ以外にも，簡単な表現やジェスチャーのアイディアなども確認する。
＊英語への慣れ親しみによって，単語の種類を調節する。

対話15分

立ち歩いて，相手を見つけ，できるだけ長く挨拶を続けられるようにする。（「３人の相手とする」などの指示）

対話的な学びのここを見る！

日本語のやり取りから不自然なところに気付いたことをきっかけに，自らの挨拶を見直し，ジェスチャーなど多様な表現を考えつくと○。ほめることで，積極的に相手と関わろうとする姿を引き出す。

02 外国語　質問カードで即興性を高める

6年生

つけたい力！　慣れ親しんだ構文を活用し，状況に応じて，その場で質問できる力。

対話を白熱させる仕掛け

上手な質問ができれば会話が盛り上がります。しかし，質問内容が思い浮かばない子もいます。「Do you ～？」「Can you ～？」「What ～ do you ～？」「How many ～？」など慣れ親しんできた構文をカードにし，ペアでたくさんの質問を引き出させましょう。ペア構成を工夫することでどの子もたくさんの質問ができます。

授業の流れ

今まで習ってきた疑問形を，カードで確認する。
・Do you ～？・Can you ～？・What ～ do you ～？・How many ～？等

例文を提示し，それに関係のある質問を考え，発表させる。答えも確認する。（全体）
例文）I want to be a professional soccer player.
質問）Do you like Keisuke Honda? Do you like Consadore Sapporo?
What's your favorite soccer player? Can you play soccer well?

活動の説明（ペア）
1　教師が英文を提示する。
2　一人が質問カード（左ページのようなもの）を引き，その内容に関する質問を出来るだけ出し，一人がそれに答える。
3　出尽くしたら次の質問カードを引く。時間内まで繰り返し。
4　質問できたことをメモしておく。（日本語でもよい）

対話 15分

提示された例文と引いた質問カードに応じて，質問をできるだけ言い，メモをする。
例）I want to be a professional soccer player.
カード :Do you like ～？
Do you like（選手名，クラブチーム，プレーなど）？

対話的な学びのここを見る！！

質問が即座にできていれば○。

03 外国語 他己紹介で英語の面白さに気付く

３～６年生

つけたい力！ 主語によって，動詞の活用が変化することに気付き，発話できる力。

対話を白熱させる仕掛け

英語は，一人称，二人称と三人称では，動詞の活用が違います。これは様々な体験によって理解しやすくなります。友達の自己紹介を聞き，それを元に他己紹介を考え，発表することを通して活用の変化をより体験的に理解させましょう。また，その友達の印象も付け加えると，さらによい学びになります。

授業の流れ

本時の課題「友達を紹介しよう」を提示する。

活動の流れを説明する。
1　自己紹介（「I like ～.」「I have ～.」「I can ～.」を使う）を聞き合い，他己紹介したい内容をメモする。
2　他己紹介の発表内容を考える。（「He(She) is ～.」「He(She) likes ～.」などを使う）
3　生活班などのグループで他己紹介を行う。
4　他己紹介の振り返り。

他己紹介の例示をした後に１，２を行う。動詞の活用と発表内容に，自分の友達への印象が含まれているかどうかを確認する。

対話15分

グループで他己紹介を行う。聞いている人は，スピーチの内容と発話のスムーズさや発音について，大まかに評価する。全員の他己紹介が終了次第，他己紹介のふりかえりへ移る。

他己紹介のふりかえりを行う。評価してくれたものと自己評価を組み合わせて，４件法（特徴を表せた‐表せない，活用ができた‐できないの二軸での評価）や記述などで振り返りを行う。記述後，自己紹介の時と他己紹介の時の動詞の活用の違いについてまとめる。

対話的な学びのここを見る！

相手の話をしっかりと聞いて，他己紹介ができていれば○。

04 外国語　アクションシートで発表を対話的に

5～6年生

つけたい力！　途中で質問を入れたり，相手の答えに対して反応したりするなど，双方向のコミュニケーションを意識して発表できる力。

対話を白熱させる仕掛け

質問や反応など，アクションを起こすプレゼンテーションは，聴衆をひきつけます。しかし，どのようなアクションがよいかは，なかなかわからないもの。アクションシートを作り，発表の中に位置づけさせることで，よりインタラクティブな発表にすることができます。（自己紹介を例に挙げて，説明します。）

授業の流れ

前時までに作ってきた自己紹介の内容を確認する。

アクションシート（p.151）の説明と例示をする。

(1)　質問ゾーン（話し手が，自己紹介の中に入れること）

・What ～ do you like?　・Do you like ～？

・Can you ～？　・Where do you want to go?

(2)　反応ゾーン（話し手が，聞き手の反応に対して使ったり，聞き手が，話し手の自己紹介に合わせて使うこと）

①ものすごくいいと思った時の反応

・Great!　・Fantastic!　・Wonderful!　・Excellent!

②いいと思った時の反応

・Nice!　・Good!

③あえて，反論する時の反応

・Why?　・Oh No!

【例示】

話し手：I like soccer. Do you like soccer?（質問）

聞き手：うなずく

話し手：Oh!! Fantastic!!（反応）　I want to be a soccer player.

対話15分

対話実例 ▸ p.146

アクションシートから選んで自己紹介に書き足す。その内容を位置づけた発表をしたり，反応したりして聞く。

対話的な学びのここを見る！

話し手が意図や状況を踏まえて，質問や反応ができていると○。

01 道徳 『劇団○○に質問タイム』で対話しながら価値の理解を高めよう

２年生，役割演技

つけたい力！　役割演技を通して，友達を大切にしようとする態度。

対話を白熱させる仕掛け

「りすさんは泳げないから，だめ」と島へ連れて行ってもらえず，一人ぼっちになってしまうりすさん。仲間外れや一人ぼっちはよくないことだと『劇団○○に質問タイム』で理解させます。演じている子どもに対して見ていた子どもがインタビューする形式を使い，人物の心情理解を促します（○○には学級名などを入れる。）

授業の流れ

授業の冒頭で「友達にされて嫌なことはありませんでしたか」と問う。

教材『およげないりすさん』（『小学どうとく　生きる力　2』 日本文教出版）（前半）を読んだ後に，問題点を明らかにする。
「りすさんが，かわいそう。」「かめさんたちも，楽しくなさそう。」

対話10分

「リスをおいていく場面」「３人で遊んでいてつまらなくなる場面」の役割演技を行う。それぞれの役，４名を指名する。

①「りすさんは泳げないから，だめ」と言われたりすさんに，役割演技を見ていた子どもから，質問させる。演じている子どもがそれに答える。
②りすさんがいない中で遊んでいた３人にも同様に質問をし，それについてそれぞれが気持ちを答える。
③「これから，どうしようと思いますか？」という質問が出ない場合は，教師が問う。

「次は，りすさんを誘おうと思う」という発言には，「どうして？」と尋ねる。

対話的な深い学びのここを見る！

役割演技をした子ども達と，質問する子ども達の対話を通して，人物の心情を理解しようとしていれば○。また，「りすさんもいた方が楽しい」という考え方とあわせて，「りすさんの気持ちを考えたら～」と，りすさんの心情に寄り添った考えが出されれば◎。

02 道徳　主人公に新しい名前を考える活動で教材と対話する

3～4年生

つけたい力！　ほんとうの「勇気ある行動」とは，どのようなものであるかを，多面的，多角的に考えることができる力。

対話を白熱させる仕掛け

自分より強い立場にある殿様の狩りを止めさせた，よわむし太郎。その太郎に新しい名前をつけてあげ，その理由を手紙として書かせます。ふさわしい名前をつけるという活動によって，「勇気ある行動」とはどういった考えに裏打ちされた行動であるのかを，子ども達に考えさせることができます。

授業の流れ

「勇気」とは何かを話し合う。
・「怖がらない」「強い」という意見には「どんなものを？」「どんなときに？」と尋ねる。

教材『よわむし太郎』（『わたしたちの道徳』小学校3・4年　文部科学省）を読む。子ども達は，どんなことを考えて，太郎を馬鹿にしていたのかを考え，発表し合う。

自分だったら，太郎と同じ行動をとるか，話し合う。

対話15分

太郎を馬鹿にしていた子どもの立場に立って，太郎へと手紙を書く。
「○○たろうさんへ」（○○には太郎にふさわしい名前にする）という書き出しで，「この名前にしたわけ」「太郎に伝えたいこと」を，太郎に向けた手紙として書く。（教材との対話）

数名に発表させ，太郎がなぜそんな勇気ある行動をとれたのか，話し合う。その上で，勇気ある行動とはどのようなものかを，さらに話し合う。

対話的な深い学びのここを見る！

「勇気ある行動」というのは，「優しさ」や「誰かを守りたい」「正義感」から起こるものだという考えが書けていれば○。

03 道徳　Yes+No で話し合おう

４年生

つけたい力！　物事を判断する際に，多面的，多角的に考えることができる力。

対話を白熱させる仕掛け

転校した友達から届いた絵はがきの切手が料金不足。これを友達に伝えるべきか，主人公が悩むという『絵はがきと切手』という教材。「伝える／ Yes」「伝えない／ No」の二つの立場から考えさせ，議論させます。両面から考え議論することで，「本当の友情とは何か」について，考えさせます。

授業の流れ

教材「絵はがきと切手」(『小学道徳　生きる力４』日本文教出版)を読む。「料金不足だったことを伝える」ということに「Yes/No」双方の立場から考えてみようと投げかける。理由も，メモするように伝える。

対話15分

４人のグループを作り，時間を３つに区切って交流する。１回目は「Yes タイム」で「Yes」の考えを交流する。２回目は「No タイム」で「No」の考えを交流する。３回目は「本音タイム」で自分の本音や考えが変わったことなどを話し合う。それぞれ３分程度で話し合う。３回目に入る前に「友達とのこれまでの付き合い方について意見が出たところはありますか？」と問いかける。

交流が終わったら，「Yes+No タイム」(個人思考)の時間をとり，「自分だったらどうするか。」を具体的に考え，判断する時間を設ける。その後，全体で交流する。

「伝える」という立場には，「たった62円，友達ならいいじゃない」，「伝えない」という立場には，「友達を信用していないのですか」と問い返すようにする。

対話的な深い学びのここを見る！

友達との関係性について，「そもそも，本当の友達というのは」という「友達の在り方」に言及していれば○。

04 道徳 多角的な視点から段階的に発問し，教材との対話で価値に迫ろう

5～6年生，小川笙船（おがわしょうせん）

つけたい力！　小川笙船の生き方を多角的な視点から捉え，道徳的価値に迫っていく力。

対話を白熱させる仕掛け

繁忙な日々の中，町医者として成功していた笙船は，身寄りのない病人の診療や若い医者の育成にも尽力します。笙船の姿を一人称（わたし），二人称（あいて），三人称（周りの人々）という多角的な視点で捉えさせ，教材のもつ価値に迫ります。多角的に広げた視野を，教材の価値という点に集約し，対話を促しましょう。

【参考】「Y チャート」については，関西大学初等部『関大初等部式思考力育成法』（さくら社，2012）に詳しい。

授業の流れ

テーマ「集団における役割とは何だろう」を提示し，教材『小川笙船』（『わたしたちの道徳　小学校５・６年』文部科学省）を読む。

対話15分

Ｙチャート（p.152）を配付する。

① 「小川笙船は，すでに十分に生活していける余裕があるにも関わらず，どうして身寄りのない病人や若い医者たちのために，自分の時間まで削ることができたのでしょう。」（一人称の発問）

② 「笙船に無料で手当てしてもらった人や，医学を教えてもらった若い医者は，どのような気持ちになったでしょう。」（二人称の発問）

③ 「小石川養生所の様子を見たり聞いたりした町の人々や殿様，幕府の人々はどのようなことを思ったのでしょう。」（三人称の発問）

④ 中央のボックスにこの教材で学んだ大切なことを端的に書かせる。その後，交流する。

ボックスに入る言葉を発表し合う。小川笙船のように，自分の役割を，世のため，人のために活動できることのよさを考える。さらに交流する。

対話的な深い学びのここを見る！

世のため，人のために無償で仕事にはげむことの尊さや，その思いに応えようとする人々のたくましい心を感じていることができれば○。

05 道徳　心情メーターで自分の考えをはっきりさせて対話する

５年生，名前のない手紙

つけたい力！　心情メーターで自分の立場を明確にし，その理由を話し合いながら，「正義ある行動」とは何かに気付く力。

対話を白熱させる仕掛け

とあることで仲間外れにされてしまった「わたし」に「名前のない励ましの手紙」が届きます。その手紙を書いた吉野さんが，転校する日に仲間外れについてクラスメイトに，自分の考えを話します。「自分だったら同じようにみんなの前で話すか。」という問いに，心情メーターで立場を明確にし，交流を深めていきます。

授業の流れ

テーマ「正義ある行動をするには」と提示し，教材『名前のない手紙』（『小学道徳　生きる力5』日本文教出版）を読む。

▼

心情メーターを配り，「自分だったら，吉野さんのようにみんなの前で言いますか」と発問し，心情メーターの位置を決めさせる。黒板に貼ってある大きな心情メーターにもネームプレートを貼る。

▼

対話15分

① 「心情メーター」の位置が異なる人と２～３人でグループを作り，「なぜメーターをその位置にしたのか」を聞き合う。

② 「本当の正義とは何か」を吉野さんの行動から考え，議論する（全体交流）。ここでの本当の正義とは，「仲間はずれなどのいじめをなくそうとする毅然とした態度を取ること」であることを確認する。一方で，「みんなに伝えたら『ひとりぼっち』になるのではないか」という不安にも共感を促す。

③ 「話せる」の方向へメーターを近づけるにはどうしたらよいのか，席が近い人と話し合った後に個人思考の時間を取り，自分の考えをまとめる。

▼

「仲間はずれ」を見たら，今後どのように行動したいか発表する。

対話的な深い学びのここを見る！

「『ひとりぼっち』を恐れる」心情に寄り添いながら，状況を打開できる方法を考えることができれば○。

01 総合　テーマづくり

３～６年生

つけたい力！　社会の中の事象や事物から，課題となる事柄を見つける力。

対話を白熱させる仕掛け

総合的な学習の「○○町の魅力発見」等のテーマから，個人やグループで追究するテーマを決める段階の指導のコツです。この段階ではどんなことを追究したら良いのか，テーマがなかなか浮かばない子どもが出てきます。そこで，グループワークさせ，互いの思考を刺激し合うことで，テーマ設定をスムーズにします。

授業の流れ

「○○町の魅力発見」という，これから追究するテーマを示す。
・なぜこれをするのか？
・単元のゴール（誰に向けて，何のために，どんなことを，発表するのかなど）を伝える。

「○○町と言えば……」で思い浮かぶことを，たくさん書かせる。（個人・5分）時間になったら発表させる。
・花の町　・川がある　・図書館の充実　・カボチャが有名
・タマネギが有名　・大きな橋がある　・北海道で始めての稲作

上で出た項目の中から「今のところ，最も興味深いこと」を選ばせる。同じ事柄を選んだ人同士で4人程度のグループをつくる。模造紙の真ん中に「選んだ事柄」を書き，周辺に「そのことについて知っていること」「わからないこと・不思議なこと」を書く。（グループ・5分）

対話15分

ワールドカフェ形式で自分のグループ以外のグループの模造紙を見に行く。各グループには，ホスト（説明役）が1人残る。（何分かごとに，ホストは交代し，全員が全グループの模造紙が見られるように配慮）その後，最終的な個人追究テーマを決定する。

対話的な学びのここを見る！

知っていることが書かれていれば○。「興味深いこと」「わからないこと・不思議なこと」が書かれていれば◎。

02 総合　発表方法の決定

3～6年生

つけたい力！　自分たちがつくっためあてに合致した発表方法を相談しながら決める力。

対話を白熱させる仕掛け

発表活動では，目的に合わないのにプレゼンソフトを使って，発表をしようと子ども達が安易に決めたり，字を書くのが苦手な子どもが，細かい字で新聞づくりをしたりというような状態も見られます。そこで，自分たちがつくっためあてや，グループメンバーの特性を意識させ，適切な発表方法を選択させるようにします。

授業の流れ

「提案しよう！　福祉の街づくり」というテーマについて，再度「なぜこれをするのか？」「単元のゴール（誰に向けて，何のために，どんなことを発表するのかなど）」を伝える。

グループテーマを確認する。ここでは「車椅子の使い方や，補助の仕方を町の人に知ってもらう」を例にする。

次の3点を話し合う。
・なぜ，これをテーマとして選んだのか？
・この発表を聞いてくれた人たちは，どんな気持ちになり，どんな行動をとるようになるのか？
・メンバー一人ひとりが得意なことを周囲のメンバーが指摘する。（例：発表が得意，字がきれい）（グループ：15分）

対話15分

上で話し合ったことを，考慮しながらグループの発表方法を決める。（グループ：15分）

発表に向けた役割を書き出し，担当者を決めるようにする。必ず，全員が何かの役割を担う。

対話的な学びのここを見る！

自分たちのテーマに合った発表になっているか。聞いている人たちにわかって欲しいという願いが実現するのに効果的な方法か。また，メンバーの良さを生かした方法かを議論していれば○。

03 総合　発表力上達のアイディア

３～６年生

つけたい力！　自分たちの発表に不足している点に目を向ける力。相手の望んでいる点に即してコメントする力。

対話を白熱させる仕掛け

総合的な学習では，発表活動にむけて，練習が何度も行われますが，単調に繰り返されることが多いようです。そこで，相手意識を持たせられるように，２つのグループを組み合わせ，聞き合い，コメントをし合うという活動を設定します。また，コメントして欲しいことを先に聞くことで，コメントの質の向上をねらいます。

授業の流れ

「提案しよう！　正しいスマホの使い方」というテーマについて，「SNS」「スマホゲーム」「迷惑メール」「ネットショッピング」など，自分が調べたい事柄ごとのグループができている。

▼

調べたいことについて，「この発表を聞いてくれた人たちが，どんな気持ちになり，どんな行動をとるようになってほしいのか？」ということをグループで確認しておく。

▼

対話 15分

２つのグループを組み合わせて，発表の練習をする。

① Ａグループは，「この発表を聞いてくれた人たちが，どんな気持ちになり，どんな行動をとるようになってほしいのか？」「自信のあるところ」「不安なところ」について発表する。

② Ａグループが発表をする。

③ Ｂグループが，Ａグループの発表について，全員コメントを行う。その際に，①でＡチームが発表した点についてコメントするようにする。

④ 役割を交代して，①から③を繰り返す。

▼

相手に必要なコメントができたかどうか，振り返りを行う。２つのグループが一緒に振り返りをする。

対話的な学びのここを見る！

振り返りで，相手グループの望んでいたコメントができていれば，○。

01 特別活動　「バタフライチャート」で多角的な視点から対話する

学級活動

つけたい力！　相手の立場を考えて提案する力，根拠をもって合意形成する力。

対話を白熱させる仕掛け

学級活動の話し合いで，右図のバタフライチャート*を使用します。提案する理由と共に，反対の立場の人の意見も考えることで，その後の対話では，「提案した活動を行うことで生じる問題点や利点」に目を向けて合意形成へと向かうことができます。根拠をもった質の高い対話からの合意形成を目指しましょう。

＊黒上晴夫･小島亜華里･泰山裕『シンキングツール～考えることを教えたい～』（NPO法人学習創造フォーラム，2012）http://ks-lab.net/haruo/thinking_tool/short.pdf

授業の流れ

「遠足で行うみんな遊び」は何が良いか，個人でリストアップする。

リストアップしたものの中から，自分が一番提案したい内容を，例のようにバタフライチャートに書く。真ん中に提案する遊びの内容。周りには例のように，反対意見として考えられるもの，賛成意見をそれぞれ書く。

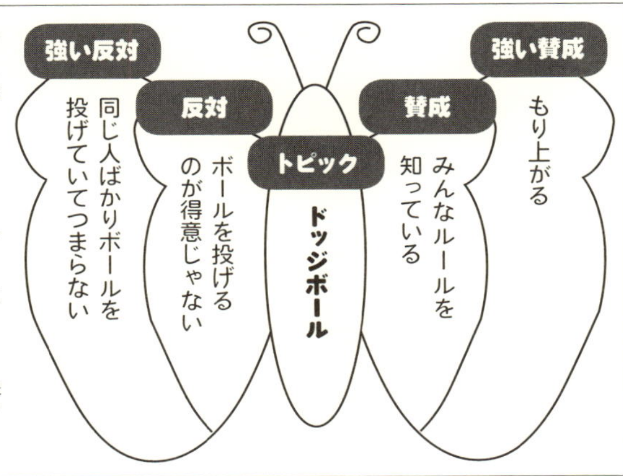

対話15分

(1)　４人グループをつくり，順番に提案する。反対意見として考えられるものも，賛成意見も全て話す。（５分）
(2)　グループで４つの中から１つ，どの遊びがよいか，話し合って決める。（10分）

決めたものを「グループの提案」として，学級に提案する。

対話的な学びのここを見る！

「○○は，全員が楽しめないと思うんだ」「△△は，□□よりルールが簡単だから，みんなが楽しめると思う」というように，バタフライチャートの「反対意見」から，合意形成のための観点が上がっていれば○。

02 特別活動 「学年なりきり対話」

児童会・生徒会活動

つけたい力！ 多様な立場から課題を考え，それに対する解決方法を生み出す力。

対話を白熱させる仕掛け

集会や全校遊び，縦割り活動などの企画段階で，各学年の児童・生徒になり切って対話させます。そのことで，それぞれの学年の困り感や，ニーズを自分事として予測し，洗い出すことができます。また，「自分が○年生だったら…」と当事者の立場で，フォローの方法や必要な準備を考えていくことで，行事運営の力もつきます。

授業の流れ

児童会主催の全校遊び集会を企画する。
児童会役員のメンバーで役を分担をする。(「1年生」～「6年生」とコーディネーター役) その上でグループをつくる。
グループ1…1年生―3年生―6年生―コーディネーター
グループ2…2年生―4年生―5年生―コーディネーター　のように。
※児童会役員児童の人数によって調整する。

▼

自分が演じる役割の学年が,「全校遊びをするときに感じる困り感や, ニーズ」は何か, 付箋に書き出す。高学年を演じる児童は自分たちがフォローできることも書き出す。(個人・10分程度)

▼

対話15分

コーディネーターの,「1年生は何か困ることや, 助けてほしいことはありますか?」という質問から対話スタート。
考えたことを, 付箋を貼りながら順に話していく。高学年役はそれに対してできるフォローなども話す。コーディネーター役は, 意見 (付箋) をグルーピングしつつ話し合いを進める。

▼

グループ間で出た意見を交流し, 企画を検討する。

対話的な学びのここを見る!

低学年役の児童が出した困り感や, ニーズに対し, 高学年役の児童がフォロー案を多く出していれば○。出ていない場合は, コーディネーター役に「この困りに対してどういう解決策がある?」という質問をするよう促す。

03 特別活動

「史上最強の○○クラブ」を目指して対話し，真の活動目標をつくる！

クラブ活動

つけたい力！ 拡散した思考を対話により収束していく力。

対話を白熱させる仕掛け

「○○小学校史上最も『みんなが幸せになれる』＝『史上最強』の○○クラブを作ろう」と投げかけるだけで，活動目標設定に対する子ども達の意識は大きく変わります。また，たくさん出された課題を，ランキングするという活動を取り入れることで，意見を絞り込む，精査するという意識がはたらき，対話が活性化します。

授業の流れ

「○○小学校史上最も『みんなが幸せになれる』＝『史上最強』の○○クラブを作るためには，どんなことが必要でしょうか？」と投げかける。

↓

付箋を一人５枚ずつ渡す。下のことを書かせる。
・「こんなことが問題になりそうだ」「前年度これがうまくいかなかった」「だから，どんなこんなクラブにしたい！」「だから，どんなこんな行動が必要だ！」

↓

対話 15分

できるだけ異学年，男女混合の４人グループを作る。
(1)　付箋を模造紙に貼りながら対話する。KJ 法でグルーピングしながら，全員がすべての付箋を出しながら意見を言う。(５分)
(2)　グループで「史上最強の○○クラブ」になるために必要な条件ランキング１位〜３位を決める。(10分)

↓

模造紙を見せながらグループの考えを全体にむけ，発表する。

↓

発表されたランキング内の項目から，全体のスローガンを決める。

対話的な学びのここを見る！

「必要な条件ランキング」を決める際に，「片付けはみんなでしたい」「試合をしていない人がおしゃべりしていた」等の意見から，「何をやるにも全員で！」という文言にするなど，まとめられていれば○。

04 特別活動　学校行事のめあて決め！学級目標を軸に考えよう

学級活動

つけたい力！　自分たちの学級目標を再確認し，それに関連付けながら行事のめあてを決めることができる力。

対話を白熱させる仕掛け

運動会や学芸会では児童会でそれぞれのテーマが設定されます。また，学級の目標や個人の目標を設定する学校も少なくありません。ところが，それらが学級目標と関連づけて，吟味されることはあまりありません。学級目標を軸にして，めあてを話し合うことで，１年間ブレのない子ども達の姿を引き出しましょう。

授業の流れ

運動会で頑張りたいことや，大切にしたいキーワードを付箋に書く。（1キーワード1付箋）

このときは，あまり難しく考えずできるだけいろいろなキーワードのアイディアを集めることが重要であることを伝える。

対話 15分

① なぜ，そのキーワードを書いたのか説明しながらグループの机の上に貼っていく。時計回りに順番に1つずつ発表する。

② 各グループに，中心に学級目標が書かれている紙を配る。話し合いながらその学級目標を達成する言葉としてふさわしければ近くに貼り，あまり関係なければ遠ざけて貼り，ランキング化していく。また，似ているものは近くに貼る。

③ グループの「いち押しキーワード」を1つ決める。

各グループの紙を見せながら発表し，めあてを考える。

学級でのめあてであれば，さらにキーワードを絞り込み，（特に一押しキーワードに着目させて）合意形成を図る。

個人のテーマであれば，グループのキーワードを見ながら自分で選ぶ。

対話的な学びのここを見る！

話し合うときに学級目標の言葉や学級で大切にしている言葉が出ていれば○。当日だけでなく練習の取り組みについて話している姿が見られればその考えを紹介し，話し合いの幅を広げていく。

05 特別活動

やりたい活動とやるべき活動を「りんごの木チャート」で見える化しよう

学校行事・宿泊的行事

つけたい力！ 宿泊的行事での活動を「ハッピー活動」と「しっかり活動」に区別し，どちらも意欲的に取り組もうとする力。

対話を白熱させる仕掛け

宿泊学習では，楽しいレクリエーションや調理実習だけでなく，身支度や清掃，活動の準備や後片付けなどの活動もあります。それらを「ハッピー活動＝やりたいこと」と「しっかり活動＝やるべきこと」に区別し，活動にメリハリをもたせましょう。学習のしおり配付前にこの対話を行い，各活動に対する姿勢を前向きにします。

授業の流れ

各活動を「ハッピー活動」（レクリエーション，調理など）と「しっかり活動」（出発式，身支度，清掃など）に区別し，黒板に示す。

対話 15分

りんごの木チャート（p.153）を個人に配る。

【幹】（しっかり活動）「出発式：司会の人を見て，話を聞く」

【実】（ハッピー活動）「レクリエーション：ルールを守る」

など，上記のように，各活動において気をつけたいことを付箋に書き，「リンゴの木チャート」に貼る。

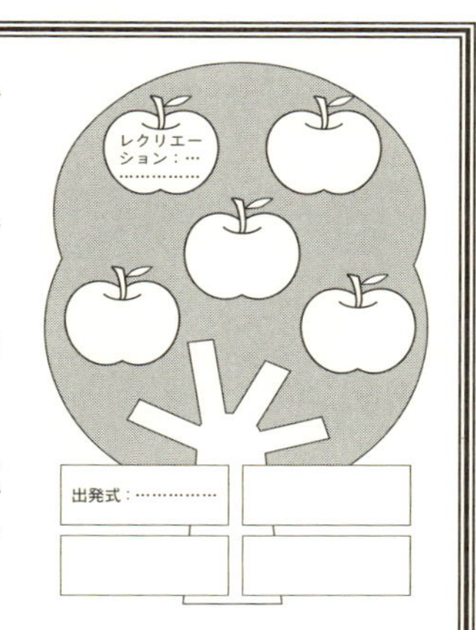

個人のアイディアを，全体の場で発表させる。

出された意見は，黒板に貼った大きな「リンゴに木チャート」に位置づける。参考にしたい意見は，個人の「リンゴの木チャート」に記入させる。（あとで縮小コピーして，学習のしおりに貼らせる）

対話的な深い学びのここを見る！

「ハッピー活動」は全員が楽しめる，気持ちよく活動できるための意見。「しっかり活動」は，全体の流れがスムーズに進行するための意見が出ればよい。意識が「やらされ感」から「やります感」に変われば○。

資料

「A or 非A」で対話を白熱させる

つけたい力！　道徳的価値が葛藤する場面で，よりよい行動について考え，判断する力。

対話を白熱させる仕掛け

教材の登場人物の心情に寄り添って，感動をもとに子どもの道徳的実践力を高めようとする授業が多い道徳科。この授業では，「A or 非A」という発問や，マトリックスを使って議論を整理する手法を使って，より道徳的価値に基づいた行動が，どのようなものであるのかについて，子ども達に考えさせます。

授業の流れと対話の実際

「誠実な人」と板書して，次のように問う。

「誠実な人」とは，どのような人をいうと思いますか？　書きましょう。

「うそをつかない人」
「最後までやり遂げる人」
「約束を守る人」
どの考えについても，教師は「なるほど」「そう考えたんだね」と共感を持って受け止める。
「今日は，『誠実な人』とはどのような人であるのかを考えていきましょう」と伝える。

『手品師』(『道徳6　きみがいちばんひかるとき』光村図書)を全文読む。

教師が音読した後,「手品師が,迷っていることは何ですか？」と尋ね,手品師がどんなことで悩んでいるかを確認する。

「子どものところ」,「大劇場」と板書する。

あなたが手品師なら,手品師と同じ行動をとりますか。それとも,違う行動をとりますか。「同じ」あるいは「違う」を書きましょう。また,理由も書きましょう。

ここで,机間巡視をして,「誠実な人とは,どのような人をいうと思うか」の発問に対して答えた内容と,選択した行動との関係をメモしておく。

一通りメモが終わった後,意見分布をとる。

・同じ　30名
・違う　　7名

ここで,「隣の人と意見交流をしてみよう」と1分程度の時間をとる。

次に,少数派の「違う」という子どもに意見を言ってもらう。数名を指名し,理由を発表させる。次のような理由が,発表される。

「『その日のパンを買うのもやっと』なのに,子どものところに行っている場合じゃないと思うから」

「子どもひとりに,手品を見せることよりも,多くの人に手品を見てもらって,感動してもうことの方が大切だから」

「大劇場に立つのが夢で,今,夢が叶おうとしているのに,子どものところに行くというのはおかしいから」

「もともと,子どもに見せるために腕を磨いていたわけではなくて,大劇場に立つために,手品の腕を磨いていたのだと思う。だから,大劇場に行くのが自然だと思うから」

これらの意見を,板書しながら「なるほど」と共感しながら,教師は聞く。

ただ,最初の発問で「うそをつかない人」「最後までやり遂げる人」「約束を守る人」などと書いた子どもには,「さっき,うそをつかないのが『誠実な人』だと言っていたけれど,別にそれはここではどうでもいいの?」と揺さぶりをかける。

子ども達は,「でも,自分の夢を諦めて,自分の本心に正直ではないのは,『誠実』とは言わないと思います」というような反論をする。

教師は,「自分の心にも誠実でいたい」と板書する。

> 手品師と「同じ」行動をとるという人からの反論はないですか?

多くの子ども達が,勢いよく挙手する。

一つの意見が出る度に,教師は板書し,「違う」派からの反論がないかを確認する。次のような議論になる。

対話

同「子どもとは,約束したんだから行くのが当たり前じゃないですか?」

違「たしかに約束は守らなければならないけれど,この場合は,特別だと思います。」

違「もしも,子どもがあとで,手品師が大劇場を断ったということを知ったら,逆に喜ばないと思います。」

同「子どもは,ずっと待っているんですよ! あまりにもかわいそうではないですか?」

違「子どもには,なんとかして知らせればいいじゃないですか。」

同「それでも,子どもとの約束を守らなかったことには違いはないから,やっぱり子どもは傷つくと思います。」

同「自分の夢のために,子どもを裏切るというのは,誠実じゃないのではないですか?」

違「誰かとの約束を守るために,長い間がんばってきたことを諦めるのも，誠実ではないと思います。」
同「かわいそうな状況にある子どもが，さらに約束を裏切られたら，この子はどうなってしまうのですか？」
違「それは，あとから説明すればわかってくれると思います。」
違「この子は，手品が見られればいいので，この手品師が行かなくてもいいんだと思います。だから，違う手品師に頼んでも，それでいいんじゃないでしょうか。」
同「やっぱり，この手品師が約束したんだから，本人が行かなくちゃダメだと思います。」

ここで，子どもからまだ出てきていない点について考えるように，促す。

ところで，「大劇場」に行かないことで，逆に困ったり，悲しい思いをしたりする人はいないのですか？

「そうだ！」という表情をして，挙手する子ども達が出てくる。

指名すると，「仲の良い友人が，せっかく手品師のために電話してくれたのに，傷つくと思います。友情を大切にしていないと思います」と発言する。

「なるほど，『友情』が大切じゃないかと」と言って，「友情」と板書する。

しかし，これにも反論が出る。「同じ」派からだ。

「この友人は，最後に『君がそんなに言うなら，きっと大切な約束なんだろう』と言っていて，これは手品師を信じているということだから，別に傷つきはしないと思います」

この意見に対しては「信頼しているから，傷つかない」と板書する。

さらに，右の図を板書して，次のように解説する。

「自分はハッピー，子どもはハッピーじゃないのは，『大劇場』にいく」

という選択。「子どもはハッピーだけれど，自分はハッピーではないのは『子ども』のところに行く」という選択。「二人で不幸になる」という選択はこの場合はない。

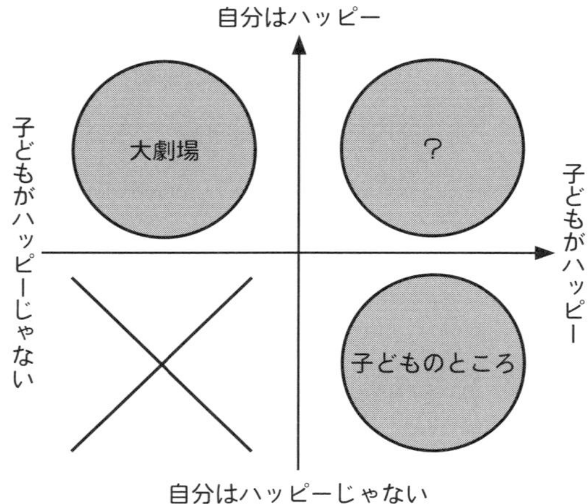

それでは，「自分も子どももハッピー」という方法はないのですか？　周りの人と相談してみましょう。

1分ほど時間をとって，挙手させる。数名を指名する。隣の人のアイディアを紹介しても良いことを付け加える。

「まず，子どもをなんとかして探す。そして，事情を話す」

「待ち合わせの場所に，事情を書いた紙を貼る」

「なんとか探して，大劇場に連れて行く」

「違う手品師に行ってもらう」

「もしも見つからなくても，あとから必ず説明して改めて大劇場に招待する」

手品師が迷いに迷っている時に，手品師のそばにいたら，あなたはなんとアドバイスしますか？

数名を指名する。

「まず引き受けて，子どもを探して」

「まず，自分の夢を叶えて」

「自分が行きたい方に行くのが一番だよ」

これには，「どうして？」と尋ねる。子どもは，「結局，悩んで色々考えることが大切」と答えた。

「あらためて，誠実な人とはどのような人のことを言うと考えますか？書きましょう」と指示する。

数名を指名し，発表させる。

「相手のことを一生懸命考える。」

「自分のことも，相手のことも大切にする人。」

「やっぱり最初に言ったことを，守る人。」

対話的な学びのここを見る！

対話場面で，「誠実さ」とは何かを吟味する発言になっていると○。また，「誠実さ」を吟味する際に，「友情」や「自分の夢」，「自分も大切にする」などの多面的な見方や考え方ができていると◎。最後の「誠実な人」について考えを書かせる場面では，議論を踏まえた考えが書けるように支援すると良い。

「政策ランキング」で対話を白熱させる

つけたい力！　学習した事柄や資料を活用して，江戸幕府の政策について，その重要度を比較検討する力。

対話を白熱させる仕掛け

社会と言えば，「暗記教科」と考える子ども達。また，歴史上の人物に強く興味を持つ「歴史エピソード」重視の子ども達もいる。どちらにしても，学習事項は固定していて，それらについての知識が重要だと考えているようだ。そうした子ども達に，「政策ランキング」を活用して，幕府の政策の長短や，その効果を吟味させる。

授業の流れと対話の実際

◇１時間目

始業と同時に，次のように指示をする。

> 「幕府の政治と人々の暮らし」（『小学社会　６上』教育出版，pp.62-77）を見て，江戸時代が安定して，長く続くように幕府が行った事柄（政策）をできるだけたくさんノートに書き出しましょう。

子ども達からは次のようなものを書き出した。

・大規模な工事
・朝鮮との交流再開
・都合の良い大名の配置

・武家諸法度の制定
・江戸に人質
・キリスト教の禁止
・鎖国
・身分制度

このときに，参勤交代などは武家諸法度に含まれている事柄であるなどの整理を行う。

続いて，以上の８つの内容について，教科書や資料集などを参考に，内容を整理して以下のように表にまとめさせる。

幕府が行った事柄	説明
大規模な工事	城や城下町をつくるために，大規模な工事を行った。
朝鮮との交流再開	秀吉の侵略が原因で途絶えていた朝鮮との交流を復活させ，中国や朝鮮の文化が日本にもたらされた。
都合の良い大名の配置	徳川家に協力してくれる大名は江戸の近くに，外様大名は江戸から離れたところに配置した。
武家諸法度の制定	大名が力をつけないように，江戸と領地を１年おきに移動させたり，勝手に結婚したりしてはいけないなどの厳しいきまりを作った。
江戸に人質	大名の妻や子どもを人質として江戸に住まわせた。
キリスト教の禁止	キリスト教の信者たちが増えて，それらの人たちが反乱を起こすことを恐れて禁止した。
鎖国	貿易を行う相手はキリスト教を広める可能性のない中国とオランダのみにして，貿易港も長崎のみとした。

身分制度	武士が世の中を支配するという身分制度を作り，特別な権利を持たせ，逆にそれ以外の人たちは厳しく生活が取り締まられた。

この作業は，班ごと（４名）で行う。

上記，８つの内容に関しての説明を最後に発表させ，確認する。まったく同様でなくても，意味があっていれば良いこととする。

◇２時間目（60分授業）

この時間で学習することは，「意見の違う人と，理由や根拠を交流しながら一つの意見にまとめていく力をつける」ために行うことを説明する。

次のように本時の流れについて板書しながら説明する。

(1) 個人で８つの政策について，「重要な順」にランキングをする。その際，理由もメモしておく。（７分）
(2) ４人グループでそれぞれの意見を出し合い，グループのランキングをつくる。（30分）
(3) 他のグループのランキングの説明を聞きにいく。自分のグループのランキングを説明する。全員が必ず説明する役割を持つ。（15分）
(4) 自分のグループに戻って，他のグループのランキングの感想を交流し合う。（３分）
(5) ふり返りを行う。（５分）

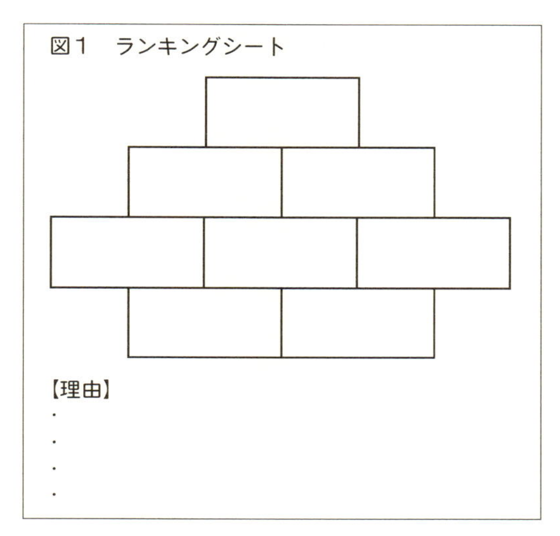

図１　ランキングシート
【理由】
・
・
・
・

まずは，右のようなシートを配り，個人でランキングを考えさせる。

最も重要なもの（１つ），２番目に重要なもの（２つ），重要ではないもの（２つ）を決めれば，ランキング３位の３つは決まることを説明し，理由は箇条書きするように指示する。

また，ランキングを考える時は，何を見て参考にしても良いと言っておく。

書き方がわからない児童には，机間巡視の際にアドバイスする。「残り５分」「３分」「１分」とタイムコールすることも，時間の見通しを持てない子どもに対する支援となる。

全員が自分のランキングが書けたことを確認する。なお，理由については，書いていなくても説明ができれば良いと言う。グループでの対話に入るが，次のことを注意として与えておく。

・多数決ではなく，話し合いで決めること。
・できるだけ全員が均等に話すこと。
・相手の考えを頭ごなしに否定しない。（「それは間違ってるだろ！」など）
・全員がランキングの理由を説明できるようにすること。そのため，理由を簡単にメモしておくこと。
・グループの中だけで聞こえる声になるよう，調整すること。

以上を説明した上で，図１の「ランキングシート」を拡大印刷したものを各グループに配付する。

なお，机はグループごとのラウンド隊形にする。

ここでも，教師は5分おきごとにタイムコールをする。なお，グループの話し合いは遠くから観察するようにする。子どもにプレッシャーをかけないためである。

グループごとに個人の考えの発表が終わると，グループのランキングを対話で決定していくことになる。

次のような対話がされている。

対話 15分

「ぼくは，やっぱり，日本は小さいから，外国から攻められるのが怖かったと思うんだよね。だから，鎖国が重要だったと思う」

「たしかにそうだとは思うんだけど，その結果，世界から取り残されちゃったということも言えるよね」

「うん，まあねえ。じゃあ，○○さんは？」

「私は，意外と『大規模な工事』が重要だったと思うんだよね」

「ええ !?　どうして」

「まずさ，幕府は収入がないと安定しないじゃない？　その収入って，結局税金でしょう？　それで，人が多ければ多いほど税金はたくさん入るわけだから，まず人口を増やさなくっちゃ。ってことは，江戸を住みやすくしなくちゃならないでしょう？　だから，『大規模な工事』」

「深いねえ！」

「税金ということをいうなら，俺は，身分制度も大事かなと思うよ。だって，これで，農民は農民として年貢を払うことを決められたんだから。しかも五人組とか……」（略）

30分間で，ランキングが決定したら，4人グループのメンバー一人ひとりに「1」から「4」の番号を与える。

まず，「1の子」が自分のグループに残り，自分たちのランキングを説明するようにする。順に「2の子」「3の子」「4の子」が，自分のグループのランキングを説明する役になる。グループの数に合わせて，これを数回繰り返して，全グループのランキング説明が聞けるようにする。自分が説明している時以外は，他のグループの説明を聞きに行く。

「まずは，番号『1』の人は，自分のグループのランキング説明を行います。『2』『3』『4』の人は，自分のグループ以外の机に移動してください。それでは，『1』の人は，ランキングの説明を2分でしましょう。時間が余ったら，質問を受け付けましょう」

この説明タイムを，グループ数に合わせて設ける。

全員が説明を終えたら，自席に戻るように指示する。

これから，他のグループのランキングを聞いて，感じたことを，自分のグループの人と話します。時間は3分です。

対話的な学びのここを見る！

「いろいろな意見を聞いて，協力しながらランキングを決められましたか？」「江戸幕府の政策について前よりも深く理解しましたか」「最も参考になった人の意見は誰のどんな意見でしたか？　また，それはなぜ？」などの項目について，ふり返らせる。

資料3　対話例①（p.22）

「ホワイトボード・ミーティング® 質問の技カード」を使って対話する

AB「よろしくお願いします。」

A「好きなおにぎりの具は？」

B「ツナマヨかな。」

A「へ～！　と言うと？」

B「マヨネーズのこってりした味が好きなんだよねえ。」

A「わかるわかる！」

B「あとはねえ，鮭かな。」

A「ぼくも同じ。おいしいよね。何かエピソードを教えてください。」

B「エピソードかあ……。」

A「何でもいいよ。」

B「前に思い切り遊んでから家に帰ったとき，かなりお腹が空いていて，ごはんまで待ちきれない感じだったんだ。そのとき，お母さんがおにぎりを作ってくれたんだけど，いつも以上においしかったなあ。」

A「いい思い出だね！　他にはある？」

B「２年生の時，遠足でお弁当を忘れてしまったんだよね。」

A「うんうん。」

B「そしたら○○くんが，おにぎりを１つ分けてくれたんだ。」

A「それは嬉しいね。もう少し詳しく教えてください。」

B「泣いてしまいそうになるくらい，うれしかったよ。」

A「いいね！　教えてくれてありがとうございました！」

B「ありがとうございました！」

資料4　対話例②（p.26）

「えんぴつ対話」で作文の内容を掘り下げる

A「あなたしか知らない学芸会の裏側を教えて。」

B「もう緊張が止まらなかったんだけど，○○くんと話したら，『全然緊張しない。』と言っていて，羨ましかったよ。」

A「やっぱり緊張したよね。他にも何かあった？」

B「幕間で中幕を開ける役もあたっていたんだけど，幕を開ける紐がたくさんあって，どれを引けばいいのかわからなくなってしまったんだ。」

A「そんなことがあったんだ！　その後どうしたの？」

B「慌てて先生を探したんだ。」

A「先生は見つかったの？」

B「探していたら，△△くんが，『この紐だよ。』と教えてくれたよ。」

A「それはどきどきしたね。Bさんは，セリヌンティウスの役だったけれど，どうだった？」

B「クライマックスのメロスと抱き合うシーンのことを，幕の裏で□□さんと話したんだ。」

A「どんなことを話したの？」

B「『今まで何回も練習してきたから大丈夫。ここはもう，メロスとセリヌンティウスというよりも，友達同士のいつもの自分たちの気持ちで演技しよう。』と話したんだ。」

A「そんなことを話していたんだ。それであのシーンができたんだね。ぼくたちも感動したし，お客さんも感動していたね。」

資料５　対話例③（p.40）
式から面積の求め方を説明し合う

《考えられる式》

①（2 × 3）＋（3 × 8）…横に補助線を引いて分けて足す

②（5 × 3）＋（3 × 5）…縦に補助線を引いて分けて足す

③（5 × 8）－（2 × 5）…全体の面積から空白の面積を引く

④（5 × 3）× 2　…縦に補助線を引き，同じ形が２つあると考える

《ペア交流のルール》

・「私の式はどうやって考えたでしょう。」からスタートする。

・式を当てる側の子は，「～のように考えたのではないかな。」と尋ねながら答える。
・式を提示する側の子は，ヒントを出しても良い。ただし，答えは言わないようにする。
・「どうしてそう思ったの？」や「なぜ？」と聞くこと。

《子ども同士のやりとり》

A「私の式はどうやって考えたでしょう！」
B「うーん。」
A「ヒントは，１本線を引きました。」
B「あっ！　きっとここで線を引いたんじゃないかな。」
A「そう！」
B「この２×３は……（縦が 2cm，横が 3cm の長方形を指さしながら）これを求めてる？」
A「どうしてそう思ったの？」
B「だって，面積は縦×横でしょ？だから，縦は 2cm で横は 3cm の長方形はこっちの小さい方だと思ったんだ。」
A「正解！　じゃあ，この（３×８）は？」
B「これは，縦が 3cm で横が 8cm だから，こっちの大きい長方形の面積の式だね！」
A「正解！」
B「じゃあ，次は僕の番ね。」

《留意事項》

児童の実態により，ペアでの活動が難しい場合には，人数を増やして行う場合もあります。その際にもまた，「どうして」，「なぜ」を大事にして活動するよう意識づけを行います。

資料６　対話例④（p.66）
「音楽学び一覧表」を使って歌い方について対話する

A「出だしは，メゾピアノだから，“やや弱く”だね。」

B「“やや弱く”を“優しく”歌ったらいいと思う。」

C「“やや弱く”ってどれくらいがいいかな。」

A「みんなでやってみよう。」

D「“優しく”歌うのはいいけど，始めの言葉は，はっきり出した方がいいと思う。」

A「盛り上がり部分は，フォルテだ。」

B「前にクレッシェンドがあるから，“だんだん強く”しよう。」

C「“強く”は，どんな感じにしたら，いいかな。」

D「歌詞の内容から，“伸びやかに”がぴったりくると思う。」

A「“力強く”もいいかもよ！　これから羽ばたいていく思いを込めて。」

B「力強く歌うには，お腹に力を入れて歌うんだったよね。」

A「最後は，盛り上げたいね。」

B「最後の音をしっかり伸ばすよう気をつけたらいいと思う。」

C「いくつ伸ばしたらいいの？」

D「全音符と付点２分音符だから全部で６つ。」

A「ここはフォルテシモだからさっきより強く歌ってみよう。」

B「“明るく”歌うといいと思う。笑顔で歌うと明るい声になるって習ったね。」

資料７　対話例⑤（p.72）
音の線を使って対話する

（自分の線の楽譜を紹介する。）

A「①は，音が上がったり下がったりしていたからギザギザにしたよ。」

B「①と③が同じような線の楽譜になったよ。」

C「②は，速くなったので細かい波にしたよ。」

D「①はゆったりした感じがしたから滑らかな線にしたよ。」
（友達と比べる。）
A「①と③が似たような線の楽譜になっている人が多いね。」
B「①と②は全然違う線の楽譜になっている感じがするね。」
C「②の部分は，どんな特徴があるのかな。もう一回聴きたいな。」
D「②は速かったよね。」
（もう一度音楽を聴く）
（曲の特徴をまとめる）
A「やっぱり①と③は同じメロディーだったよ。」
B「私の線も①と③が似ているよ。」
C「①と③はゆったりした線で，②は線が細かいのは速さの違いかも。」
D「②は，音が跳ねていたよね。」
A「じゃあ，『①と③が同じでゆっくり，②は速くて音が跳ねている」でいいかな。」

資料8　対話例⑥（p.76）
絵本鑑賞で対話する

（友達の作品紹介に反応したり，感想を伝えたりしながら聞く。）
A「私が見つけた絵本を紹介します。『じごくのそうべえ』は，「何だ，これは！　不気味だな！」と思いました。」
B「どの絵を見てそう思ったの？」
A「この鬼の顔だよ！」
B「不気味だなと思ったのはどうして？」
A「目や口や鼻が大きくて怖いと思ったよ。」
B「本当だ！　怖いね！　眉毛が太いところも怖い！」
A「 他に赤い炎が本当に燃えているようで不気味だと思ったよ。」
B「絵の具の使い方が上手だね。」
（紹介する人交代）

B「私が見つけた絵本を紹介します。『かたあしだちょうのエルフ』は,「何だ，これは！　真っ黒だ」と思いました。」
A「本当だ！　絵の具で描いたのとは違うね。」
B「紙を切って貼っているのかな。」
A「作るの難しそうだね。」
B「２つを比べると絵の描き方が全然違うね。」
A「絵本の絵をよく見るといろんな描き方があっておもしろいね。」
（１回終わったところで，反応の仕方や感想の伝え方の手本になるペアを紹介し，ペアを変えて続ける。全部で３セット。）
＊田島征彦『じごくのそうべえ』童心社，1978 年
＊小野木学『かたあしだちょうのエルフ』ポプラ社，1970 年

資料９　対話例⑦（p.88）
集団技に取り組ませる

A「タイミングを合わせて前転するときれいだねえ。」
B「ねえ，全員で前転して合わせるのもいいけど，半分が後転してみるのはどう？」
C「それ面白そうだね。方向はどうする？　全員同じ方向にする？」
D「そうだね。同じ方向にしないとぶつかっちゃうよね。」
A「ん？　ちょっと待って。もしかして，斜めの動きを入れれば，同じ方向に回ってもぶつからないんじゃない？こうやってさ…（図を描く）」
C「おお！　本当だ！　面白い！　これいいかも！」
B「そういえばさ，全員が一斉に行うとは書いていないよね？　そうしたらさ，前転を跳び前転で越えるなんていうのもいいんじゃない？」
D「面白い発想だね！　でも，ちょっとまだ自信がないなあ。もうちょっと技の練習をして，自信をもって取り組めるようになったら取り入れてみない？」
B「うん。それでいいよ。確かに危険かもしれないからね。」

A「そうだ！　○○さんは，伸膝後転できたよね。みんなのウルトラCでタイミングを合わせたらいいね！」

B「よし，そうしたら練習また頑張ろうか！」

全「おーーー！」

資料10　対話例⑧（p.98）
アクションシートで発表を対話的に

話し手：My name is Yuya Mori.　I like soccer. Do you like soccer?（質問）

聞き手：うなずく

話し手：Oh!! Fantastic!!（反応）　I want to be a soccer player.

聞き手：Very nice.（反応）

話し手：I like Ramen. Do you like Ramen?（質問）

聞き手：Yes, I do.

話し手：Good!　I like Shio-Ramen. Do you like Shio-Ramen?（質問）

聞き手：No, I don't. I like Miso-Ramen.

話し手：Why?（反応）

聞き手：Very delicious!

資料A　国語「ホワイトボード・ミーティング® 質問の技カード」(p.22)

合言葉は「２言目，３言目を引き出そう！」

ホワイトボード・ミーティング®
質問(しつもん)の技(わざ)カード

オープン・クエスチョン
考えを広げ，深めるための質問

①〜というと？
②どんなかんじ？
③たとえば？
④もう少しくわしく教えてください
⑤ぐたいてきにどんなかんじ？
⑥どんなイメージ？
⑦エピソードを教えてください
⑧何でもいいですよ
⑨ほかには？

あいづち

①うんうん
②なるほど，なるほど
③わかる，わかる
④そうなんだあ
⑤へえ〜
⑥だよねえ
⑦それで，それで
⑧そっかあ

クローズド・クエスチョン
はっきりと聞くための質問

●数字（何月，何日，何円，何回など）
●名前（人の名前，ものの名前，場所の名前など）

※ホワイトボード・ミーティング®は2003年にちょんせいこ（株式会社ひとまち）が開発した話し合いの手法です。このカードは進行役（ファシリテーター）の練習に活用されます。https://wbmt.info

資料B　音楽「音楽学び一覧表」(p.66)

各単元で指導したことや，出てきた言葉をその都度蓄積していく。(既習事項で確認したことも含む)

音楽学び一覧表（例）

どんな感じがする？　キーワード	
やさしい	おごそかな
明るい	～のよう
悲しい	～している感じ
激しい	……
おだやかな	……
力強い	……
さびしい	

曲の特ちょう	
リズム	
速さ	
強弱	
反復	
問いと答え	
……	
……	

音符や記号	
	全音符
	付点二分音符
	四分音符
	スタッカート
……	……

強弱	
	強く
	弱く
	だんだん強く
……	……
……	……

資料C　家庭科「家族が喜ぶ大作戦カード」（p.80）

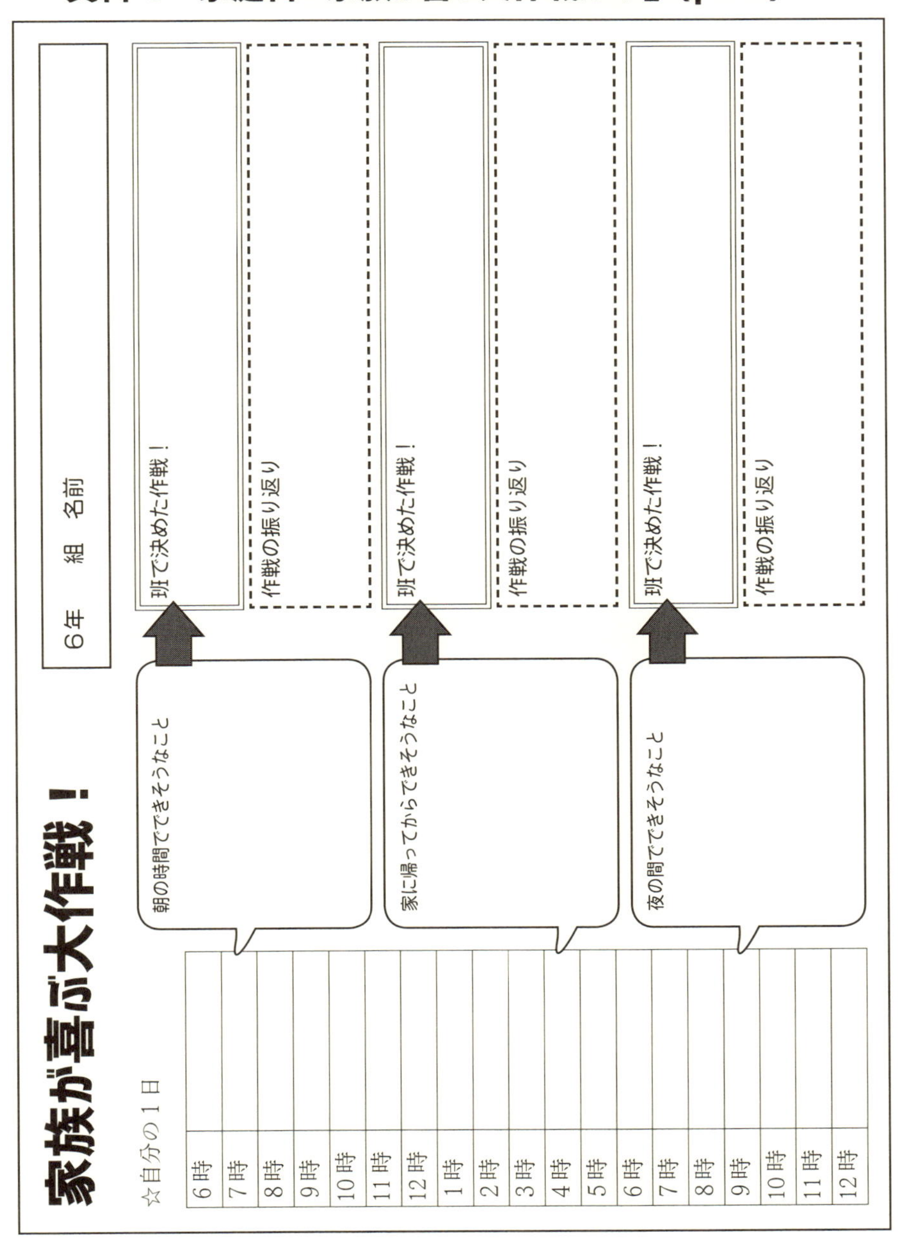

資料D　体育「マット運動 技カード」（p.88）

年　　組　名前

[説明①…シンクロマットのポイント]

1　タイミング…揃える，ずらす，順序よく　2　方向…向かい合う，時計回り，反時計回り

3　リズム…同じテンポ，ずらす　4　技の種類…同じ技，違う技

[説明②…技について]

○課題技…全員が必ず行う技　◎応用技…6つの系統から必ず1つ以上選び，全員が行う技

☆ウルトラC…グループの中でできる人はチャレンジしてよい技

【技カード】

系統	課題技	達成日	発展技	達成日	ウルトラC	達成日
前転系	Lv1 前転		Lv2 開脚前転		伸膝前転	
			Lv2 大きな前転			
			Lv2 跳び前転			
後転系	Lv1 後転				Lv4 伸膝後転	
	Lv2 開脚後転				Lv4 後転倒立	
倒立回転系	Lv2 側方倒立回転		Lv2 補助倒立前転		Lv4 ロンダート	
			Lv3 倒立ブリッジ		Lv4 首はねとび	
			Lv3 倒立前転		Lv4 前方倒立回転	
					Lv5 前方倒立回転跳び	
倒立系			Lv2 補助倒立		Lv3 倒立	
			Lv3 三点倒立			
バランス技			Lv2 水平バランス		Lv3 Y字バランス	
つなぎ技	Lv1 足交差		Lv1 2分の1回転			

【シンクロ技構成表】

名前	技1	技2	技3	技4	技5	技6	技7

資料E　外国語「アクションシート」(p.98)

生き生きとした発表をするための
アクションシート（自己紹介編）

(1)　質問ゾーン（話し手が，自己紹介の中に入れると生き生きとした発表になるよ）

- What ～ do you like?
- Do you like ～？
- Can you ～？
- Where do you want to go?

(2)　反応ゾーン（話し手が，聞き手の反応に対して使ったり，聞き手が，話し手の自己紹介に合わせて使ったりすると良いよ）

①ものすごくいいと思った時の反応

- Great!　　・Fantastic!　　・Wonderful!
- Excellent!

②いいと思った時の反応

- Nice!　　・Good!

③あえて，反論する時の反応

- Why?　　・Oh No!

★振り返りのときに，使えた表現に○をしよう。

資料F　道徳「Yチャート」（p.106）

「小川笙船は，すでに十分に生活していける余裕があるにもかかわらず，どうして身寄りのない病人や若い医者たちのために，自分の時間まで削ることができたのでしょう。

自分

このお話から学んだこと

「笙船に無料で手当してもらった人や，医学を教えてもらった若い医者は，どのような気持ちになったでしょう。」

相手

「小石川養生所の様子を見たり聞いたりした街の人々や殿様，幕府の人々はどのようなことを思ったのでしょう。」

周囲の人々

資料G　特別活動「リンゴの木チャート」（p.124）

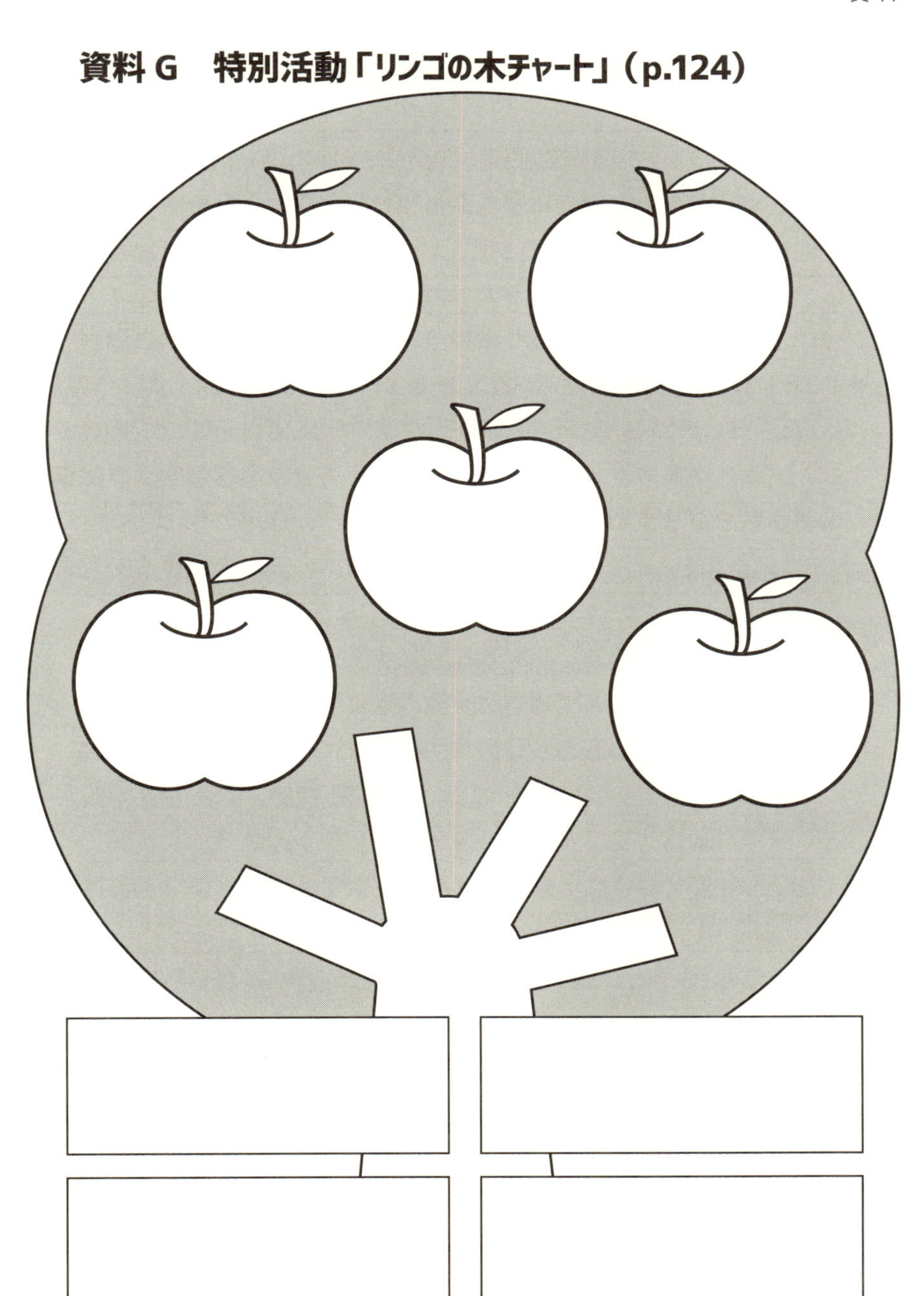

おわりに

同僚から聞いた話です。あるとき，私が担任していた子どもが廊下を，肩を落として，歩いていたというのです。

「どうした？」と同僚は声をかけてくれたそうです。

その子は「友達ができなくて」と言ったそうです。

「そうなんだ。どうしてなの」と同僚が尋ねると，「前のクラスは，授業中でもいっぱい話ができたから，すぐに友達ができたし，話しているうちに，だいたいどんな人かわかったから，安心だったけど，今はいつまでも仲良くなれない感じなんです」と答えたと言います。

この子の話は，対話の力を端的に表していると思います。

学習の手法として対話は，もちろん有効です。

しかし，それに加えて人間関係を円滑にしたり，集団における安全・安心を担保したりする効果もあるということでしょう。

こうしたことを考えるにつけ，先人たちが残した「学級経営は，授業中にするものだぞ」という言葉が，説得力を増します。

本書を読んで授業改善を実現した教師は，学級改善も実現できたことと推測します。

今回，本書を編むにあたって，執筆してくれた８名の青年教師の誠実な実践にこの場を借りて敬意を表します。

また，粘り強くこの企画に付き合ってくれた黎明書房伊藤大真氏に心からの感謝を申し上げます。ありがとうございました。

今冬，最高にしばれる夜に

山田洋一

執筆者紹介

教育研修サークル	北の教育文化フェスティバル
片 倉 敬 子	北海道公立小学校教諭
倉 橋 安 恭	北海道公立小学校教諭
櫻 井 里 佳	北海道公立小学校教諭
高橋百合子	北海道公立小学校教諭
高 原 隼 希	北海道公立小学校教諭
友 田 　 真	広島県公立小学校教諭
増 田 展 明	北海道公立小学校教諭
森 　 優 也	北海道公立学校教諭

ホワイトボード・ミーティング®について（p.147）

「ホワイトボード・ミーティング®」を教える場合は認定講師の資格が必要です。ただし，小・中学校，義務教育学校，高等学校，中等教育学校，特別支援学校の教員が児童・生徒，あるいは自校の教員を対象に教える場合に限り，認定講師の資格は不要です。詳しくは，株式会社ひとまち HP（https://wbmf.info/）をご覧ください。

編著者紹介

山田洋一

1969年北海道札幌市生まれ。北海道教育大学旭川校卒業。北海道教育大学教職大学院修了。２年間の幼稚園勤務の後，公立小学校の教員となる。自ら教育研修サークル「北の教育文化フェスティバル」を主宰し，柔軟な発想と，多彩な企画力による活発な活動が注目を集めている。日本学級経営学会理事。
ホームページ　http://yarman.server-shared.com/

主な著書

『学級経営力・中学年学級担任の責任』（共編著，明治図書出版）
『発問・説明・指示を超える対話術』『発問・説明・指示を超える技術タイプ別上達法』『発問・説明・指示を超える説明のルール』（以上，さくら社）
『教師に元気を贈る56の言葉』『子どもとつながる教師・子どもをつなげる教師　好かれる教師のワザ＆コツ53』『気づいたら「忙しい」と言わなくなる教師のまるごと仕事術』『気づいたら「うまくいっている！」目からウロコの学級経営』（以上，黎明書房）
『山田洋一――エピソードで語る教師力の極意』『小学校初任者研修プログラム　教師力を育てるトレーニング講座30』『子どもの笑顔を取り戻す！　むずかしい学級リカバーガイド』（以上，明治図書出版）
『必ず知っておきたい！若い教師のための職員室ルール』（共編著，学陽書房）
「ミライシード」企画開発協力（ベネッセコーポレーション）

イラスト・さややん。

誰でもできる白熱する「対話」指導53

2019年6月15日　初版発行

編著者　山田洋一
発行者　武馬久仁裕
印　刷　株式会社太洋社
製　本　株式会社太洋社

発行所　株式会社　黎明書房

〒460-0002　名古屋市中区丸の内3-6-27　EBSビル
☎052-962-3045　FAX052-951-9065　振替・00880-1-59001
〒101-0047　東京連絡所・千代田区内神田1-4-9　松苗ビル4F
☎03-3268-3470

落丁・乱丁本はお取替します。　ISBN978-4-654-02319-6

友田　真著　A５・137頁　1800円

授業や学級づくりを「ゲーム化」して
子どもを上手に乗せてしまう方法

ゲームの魅力をビジネスに役立てる方法「ゲーミフィケーション」を学校教育に導入し，進化させた子どもたちの「やる気に火をつける」待望の書。

友田　真著　A５・134頁　1800円

子どもたちの心・行動が「揃う」学級づくり

子どもたちの心と行動が「揃う」と学級が一つにまとまります。3つの「揃う」（物などの置き方が「揃う」／学級の○○ができるレベルが「揃う」／他）にこだわった指導と，授業を行いながら学級づくりも意識した指導法を詳述。

加藤幸次著　A５・154頁　2100円

教科等横断的な教育課程編成の考え方・進め方
資質・能力（コンピテンシー）の育成を目指して

新学習指導要領が目指すグローバル化時代に必要な資質・能力の育成にとって中核となる，教科等横断的な視点に立った教育課程の編成の仕方や学習方法を詳述。

中村健一編著　A５・127頁　1800円

新装版　子どもが大喜びで先生もうれしい！
学校のはじめとおわりのネタ108

6年間の学校におけるはじめとおわりを充実させるとっておきの108のネタ。子どもたちを飽きさせない工夫がいっぱいの教師のバイブル！　新装版。

中村健一著　B５・62頁　1650円

ゲームはやっぱり定番が面白い！
ジャンケンもう一工夫 BEST55＋α

定番ゲームの王様「ジャンケン」にもう一工夫加えた，「餃子ジャンケン」「サッカージャンケン」等の最高に盛り上がるジャンケンゲーム55種を収録。2色刷。

中條佳記著　B６・92頁　1400円

表ネタが通用しない場面へ投入！
授業づくりの裏ネタ38＆使えるアイテムネタ4

教師のための携帯ブックス㉕　各教科の授業を盛り上げ，知識の定着を図る，普通のネタよりも強力な授業づくりの裏ネタを38種厳選収録。

中條佳記著　B５・96頁　1400円

表ネタが通用しない場面へ投入！
学級づくり＆職員室の裏ネタ45

教師のための携帯ブックス㉔　本当に困ったときの，頼りになる裏ネタを45種厳選して紹介。学習意欲を高めるネタ，学習規律をつくるネタなど満載。

＊表示価格は本体価格です。別途消費税がかかります。